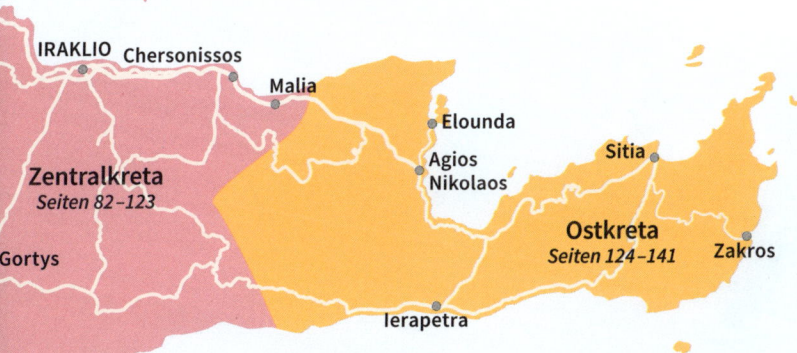

IRAKLIO Chersonissos

Malia

Elounda

Agios
Nikolaos

Sitia

Zentralkreta
Seiten 82–123

Ostkreta
Seiten 124–141

Zakros

Gortys

Ierapetra

Überblick

Kreta ist 254 Kilometer lang und maximal 60 Kilometer breit. Die 8261 Quadratkilometer große Insel ist die größte griechische Insel und die fünftgrößte Insel im Mittelmeer. Sie wird im Landesinneren von Gebirgen durchzogen, die bis zu 2456 Meter hoch aufragen.

Kreta bietet in allen Regionen traumhafte Strände. Die Nordküste ist exzellent erschlossen und eher flach, die Südküste ist steil und dünn besiedelt.

Mehr als ein Viertel der rund 636 500 Einwohner lebt in der Inselhauptstadt Iraklio an der Nordküste Zentralkretas. Dort liegen auch die Urlauberhochburgen Chersonissos und Malia. In Westkreta bieten Chania und Rethymno malerisches Altstadtflair, in Ostkreta sind Agios Nikolaos und Elounda als elegante Urlaubsresorts bekannt. In Ostkreta liegt die südlichste Stadt Europas, Ierapetra.

INSPIRIEREN / PLANEN / ENTDECKEN / ERLEBEN

KRETA

KRETA

INHALT

KRETA ENTDECKEN 6

KRETA ERLEBEN 78

REISE-INFOS 174

Barbara Rusch

Barbara Rusch M. A. studierte Ethnologie und Sozialpsychologie in ihrer Heimatstadt München sowie in Rom. Danach verbrachte sie im Rahmen eines Forschungsprojekts längere Studienaufenthalte in Ostafrika.

Als Autorin und Ko-Autorin hat sie Bücher über Deutschland und einzelne deutsche Regionen geschrieben und zudem Beiträge für Bildbände und Reiseführer zu weltweiten Zielen verfasst, u. a. für den *Vis-à-Vis Danzig und Ostpommern*.

In Büchern, Zeitschriften, Lexika und Ausstellungskatalogen hat sie über Reise- und kulturhistorische Themen, außereuropäische Kunst, Pädagogik und Wissenschaftsgeschichte publiziert. Kreta kennt und liebt Barbara seit ihrer Jugend, die Insel gehört seitdem zu ihren Lieblingszielen.

Links: *Taverne am Strand von Matala* (siehe S. 112f)
Vorherige Doppelseite: *Traumhafter Sonnenuntergang*
Umschlag: *Palast von Knossos* (siehe S. 98 –105)

KRETA
ENTDECKEN

WILLKOMMEN AUF
KRETA

Tiefblaue Mittelmeerwellen, die an sonnenverwöhnte Küsten schwappen. Antike Mythen, jahrtausendealte Paläste, venezianische Festungen und osmanische Moscheen. Lebensprühende Städte und Partystimmung in Ferienorten. Einsame Gebirgslandschaften und abgeschiedene Buchten. Kreta bietet Besuchern vielfältige Attraktionen. Was auch immer Sie auf Ihrer Reise erleben möchten, unser *Vis-à-Vis Kreta* ist Ihr idealer Begleiter.

1 *Der von Wellen umtoste Leuchtturm von Chania*

2 *Abendstimmung am Hafen von Iraklio*

3 *Moni Arkadiou, Kretas Nationaldenkmal*

4 *Der traumhafte Strand von Balos*

Träumen Sie an goldenen Sandstränden in den Tag hinein und beobachten Sie abends bei einem Glas Wein, wie die Sonne als roter Feuerball im Meer versinkt. Flitzen Sie beim Windsurfen über die Wellen oder erkunden Sie die Unterwasserwelt. Wandeln Sie auf den Spuren der griechischen Mythologie: Das malerische Dorf Matala gilt als der Ort, wo der in einen Stier verwandelte Zeus die Königstochter Europa auf die Insel trug. In den Bergen Kretas liegt die Höhle, in der Zeus geboren worden sein soll. Der eindrucksvolle Palast von Knossos war laut Mythos der Sitz von König Minos.

Spazieren Sie auf der venezianischen Festungsmauer rund um Iraklios Altstadt, die bis spätnachts Unterhaltung bietet. Lassen Sie sich treiben durch die malerischen Gassen von Rethymno und Chania, wo am Hafen Kretas älteste Moschee steht. Bummeln Sie durch Läden und über Märkte, genießen Sie Kunst in Galerien und byzantinischen Kirchen, Konzerte auf Festivals und gutes Essen in den Tavernen.

Der Vis-à-Vis Kreta unterteilt die überaus vielfältige Insel in gut überschaubare Regionen. Zahlreiche Tipps, detaillierte Karten, Tourenvorschläge und umfassende Reise-Informationen ermöglichen es Ihnen, Ihren Urlaub ganz nach Ihrem Geschmack zu planen. Viel Vergnügen mit diesem Buch und viel Spaß auf Kreta!

LIEBENSWERTES
KRETA

Herrliche Strände, unberührte Gebirgslandschaften, köstliche mediterrane Küche und faszinierende historische Relikte – es gibt vieles, was Kreta unwiderstehlich macht. Wir haben für Sie einige Favoriten zusammengestellt.

1 Strände für jeden Geschmack

Mit den Kindern Sandburgen bauen, in Partylaune Cocktails genießen, in einsamen Buchten entspannen – Kretas Strände begeistern alle Urlauber *(siehe S. 20 – 25)*.

2 Architektur aus Jahrtausenden

Die faszinierenden Bauwerke auf Kreta reichen von antiken Palästen über byzantinische Kirchen und venezianische Festungen bis hin zu osmanischen Moscheen *(siehe S. 30f)*.

3 Imposante Schluchten

Als tiefe Risse durchziehen Dutzende Schluchten Kretas Landschaft. Zwischen den steilen Felswänden wandert man durch unberührte Natur *(siehe S. 32 – 35)*.

Faszinierende Flora und Fauna 4

Ob in den Bergen, an den Küsten oder im Meer – Kretas Tier- und Pflanzenwelt bezaubert mit Wildblumen, Wildziegen, Meeresschildkröten und Walen *(siehe S. 36 – 41)*.

Paradies für Aktivurlauber 5

Tauchen und Schnorcheln, Bergwandern und Paragliden, Surfen, Reiten oder Golf spielen – Kreta bietet Aktivurlaubern zahlreiche Möglichkeiten *(siehe S. 42 – 45)*.

Kulinarische Freuden 6

Goldenes Olivenöl, feines Gemüse, zartes Fleisch und süße Früchte – Kretas Küche ist berühmt, ist sie doch gesund und äußerst schmackhaft *(siehe S. 46 – 51)*.

Entspannung für Körper und Seele 7

Den Alltag hinter sich lassen und Körper, Geist und Seele in Harmonie bringen – auf Kreta werden Wellness und Entschleunigung großgeschrieben *(siehe S. 52 – 55)*.

Bildschönes Kunsthandwerk 8

Bunte Webdecken und Keramiken, Seidenspitzen, Designerschmuck, handgemalte Ikonen – Kretas Kunsthandwerk lohnt jede Shoppingtour *(siehe S. 56 – 59)*.

9 Traditionsreiche Feste

Auf Kreta werden viele Feier- und Gedenktage begangen. Ostern ist das wichtigste Fest. Die Feierlichkeiten werden stets von Musik und gutem Essen begleitet *(siehe S. 60 – 63)*.

10 Welt der Antike

Auf Kreta, so der Mythos, wütete der Minotaurus und kam Zeus zur Welt. Aus Gortys stammt einer der ältesten Gesetzestexte Europas *(siehe S. 64–71, 98–107)*.

Schatzkammern der Geschichte 11

Kretas Museen dokumentieren die Historie von der Frühzeit bis zur Moderne und besitzen teils einzigartige Schätze – allen voran das Archäologische Museum in Iraklio *(siehe S. 29, 92f)*.

Entertainment für alle 12

Sportliche betätigen sich z. B. beim Tauchen. Festivals bieten Kulturgenuss, in den Ferienorten und Städten locken Restaurants, Clubs und Bars *(siehe S. 120–123, 140, 172)*.

KRETA
AUF DER KARTE

Der Vis-à-Vis Kreta unterteilt die Insel in drei Regionen:
Zentral-, Ost- und Westkreta. Jedes Kapitel weist eine
Farbcodierung auf, die mit den Farben in dieser Über-
sichtskarte korrespondiert.

Kastelli
Kissamou

Chania

Rethymno

Westkreta
Seiten 142–173

Samaria

Sougia

Paleochora

Sfakia

Plakias

Frangokastello

Agia Galini

Matala

0 Kilometer   25

N

Europa

IRAKLIO
Chersonissos
Malia
Elounda
Agios
Nikolaos
Sitia

Zentralkreta
Seiten 82–123

Ostkreta
Seiten 124–141

Gortys
Zakros
Ierapetra

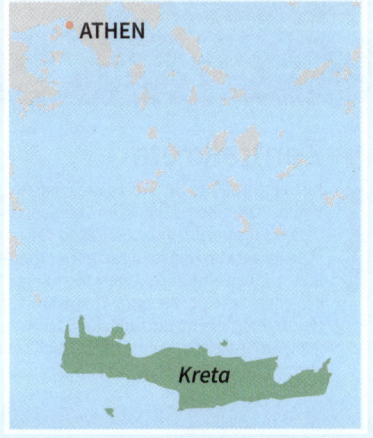

ATHEN

Kreta

DIE REGIONEN
KRETAS

Die im Mittelmeer gelegene größte Insel Griechenlands ist von einer Gebirgskette durchzogen, die für vielfältige Landschaften mit Hochebenen und spektakulären Schluchten sorgt. Kreta ist reich an antiken Relikten, an den Küsten liegen malerische Dörfer und lebhafte Ferienorte.

Seiten 82 –123

Zentralkreta

An der Nordküste der facettenreichen Region befinden sich die Urlauberhochburgen Chersonissos und Malia, die quirlige Inselhauptstadt Iraklio sowie der minoische Palast von Knossos, Kretas berühmteste antike Stätte. Eine Fahrt durch uralte Weinberge und die Olivenhaine in der Messara-Ebene führt zur Südküste, die abgeschiedene Buchten und idyllische Dörfer prägen. Der Küstenort Matala, einst Hochburg der Hippies, ist Inbegriff entspannter Lebensfreude.

Entdecken
Iraklio, Matala

Sehenswert
Palast von Knossos,
Archäologisches Museum
in Iraklio

Genießen
Verkostungen auf den
Weingütern südlich von
Iraklio, Partys an den
Stränden der Nordküste

Ostkreta

Im Norden der Region bieten die Küstenorte Elounda und Agios Nikolaos elegantes Flair. In der fruchtbaren Lasithi-Hochebene liegen sagenumwobene Höhlen, über dem Dikti-Gebirge kreisen Adler. Das an Kretas »Wespentaille« gelegene Ierapetra ist Europas südlichste Stadt. Nordöstlich des von Olivenhainen umgebenen Sitia liegen das Kloster Toplou und der bezaubernde Palmenstrand von Vai.

Entdecken
Elegante Resorts, hübsche Dörfer, Olivenhaine

Sehenswert
Diktäische Höhle in der Lasithi-Hochebene, Kloster Toplou

Genießen
Palmenstrand von Vai, Cocktails in Agios Nikolaos

Westkreta

An der Nordküste Westkretas bieten Rethymno und Chania städtisches Flair, die Dörfer und Buchten im Süden sprechen Urlauber an, die Entschleunigung suchen. Grüne Obstplantagen gehen in die raue Abgeschiedenheit der Lefka Ori (»Weiße Berge«) über, die von der Samaria-Schlucht durchzogen werden. Im Osten der Region liegt das Kloster Arkadiou, das bedeutendste Nationaldenkmal Kretas. Der Strand von Preveli im Westen ist überaus reizvoll. Paleochora ist die Stadt mit den meisten Sonnenstunden auf Kreta, Margarites ist für Keramiken bekannt.

Entdecken
Malerische Gassen in Rethymno und Chania, Strände, Schluchten, Berge

Sehenswert
Moni Arkadiou, Samaria-Schlucht, Margarites

Genießen
Sundowner in den Häfen von Rethymno und Chania, Delfinsafaris in Paleochora

7 TAGE
auf Kreta

Tag 1

Unternehmen Sie in Iraklio den auf *S. 96f* beschriebenen Rundgang. Übernachten Sie in der Inselhauptstadt.

Tag 2

Brechen Sie früh zum fünf Kilometer entfernten Palast von Knossos *(siehe S. 98 – 105)* auf, um dem Besucherandrang zuvorzukommen. Nach einer Stärkung im Restaurant an der Stätte nehmen Sie auf dem Weingut Boutari *(siehe S. 111)* an einer Verkostung teil. Nach einer Fahrt durch die Weinregion über Kastelli erreichen Sie in einer Stunde Krasi mit der 2000 Jahre alten Platane *(siehe S. 130)*. Fahren Sie auf die Lasithi-Hochebene zur Diktäischen Höhle *(siehe S. 130)*. Danach geht es kurvenreich hinunter in das 45 Kilometer entfernte Agios Nikolaos, wo Sie übernachten. Vor dem Abendessen bleibt noch Zeit für Entspannung am Strand *(S. 132f)*.

Tag 3

Nach dem Frühstück fahren Sie ostwärts über Istro teils direkt an der Küste 70 Kilo-meter nach Sitia *(siehe S. 134)*. Bummeln Sie die Uferpromenade entlang und zur Festung hinauf. Das 15 Kilometer entfernte Moni Top-lou *(siehe S. 136)* liegt in fast wüstenhafter Landschaft. Zu dem Kloster gehört der neun Kilometer entfernte Palmenstrand von Vai. Verbringen Sie den Nachmittag am Strand, Stärkung bietet eine Taverne *(siehe S. 24)*. Danach führt der Weg zurück über Sitia 85 Kilometer südwestwärts nach Ierapetra, wo Sie übernachten. Kehren Sie abends in einer Taverne am Hafen ein *(siehe S. 134)*.

Tag 4

Fahren Sie 90 Kilometer gen Westen zur ar-chäologischen Stätte Gortys *(siehe S. 110)*. Besichtigen Sie auch die Kirche der zehn Märtyrer im benachbarten Dorf Agii Deka *(siehe S. 95)*. 17 Kilometer nördlich liegt der Votomos-See *(siehe S. 110)*. Tavernen am Ufer servieren Forellen. Besuchen Sie die zehn Kilometer südwestlich gelegene minoi-sche Stätte Phaestos *(siehe S. 116f)*. Danach legen Sie die 25 Kilometer lange Strecke nach Matala zurück. Genießen Sie den

1 *Orangenbaum bei Chania, Westkreta* ↑

2 *Diktäische Höhle auf der Lasithi-Hochebene, Ostkreta*

3 *Loutro an der Südküste ist nur per Boot oder zu Fuß erreichbar*

4 *Windmühlen an der Passstraße zur Lasithi-Hochebene, Ostkreta*

Strand und die lockere Atmosphäre in den Lokalen, bevor Sie Ihr Hotel aufsuchen.

Tag 5

Machen Sie sich frühzeitig auf den Weg nach Chora Sfakion, das 107 Kilometer westlich liegt. Fahren Sie mit dem Bus um 11 Uhr oder mit einem Taxi zum Eingang der Imbros-Schlucht *(siehe S. 166)*, durch die Sie in rund drei Stunden zurück zur Küste wandern, ehe Sie sich im Meer erfrischen. Alternativ können Sie die Fähre nach Loutro *(siehe S. 170f)* nehmen und in zwei Stunden an der Küste zurück nach Chora Sfakion wandern. Unterwegs lädt der Strand Glyka Nera zu einer Pause ein. Danach führt Sie eine landschaftlich wunderschöne Strecke 70 Kilometer nach Chania an der Nordwestküste. Checken Sie im Hotel ein, gehen Sie in der Altstadt essen und genießen Sie einen Drink am Hafen *(siehe S. 158–160)*.

Tag 6

Bummeln Sie in Chania durch die Markthalle *(siehe S. 160)* und durch die Altstadt zum

Schifffahrtsmuseum am venezianischen Hafen *(siehe S. 158)*. Danach fahren Sie 18 Kilometer landeinwärts zum Botanischen Garten und Naturpark von Kreta *(siehe S. 162)*. Lassen Sie sich im Restaurant ein Gericht mit Wildkräutern schmecken. Nach einem Spaziergang durch den Garten geht es in das 80 Kilometer entfernte Rethymno. Nach dem Einchecken im Hotel bleibt Zeit für einen Strandbesuch sowie einen Bummel durch die Altstadt mit den vielen Restaurants und zur Fortezza am Hafen *(siehe S. 148–150)*.

Tag 7

Besichtigen Sie das 20 Kilometer entfernte Moni Arkadiou *(siehe S. 152)*. Von dem Kloster führt eine Serpentinenstraße in das für Keramiken bekannte Dorf Margarites *(siehe S. 154)*. Weiter geht es durch das Psiloritis-Massiv zur Idäischen Grotte *(siehe S. 154)*. Nehmen Sie sich die Zeit für die kurvige Fahrt durch die Berge in das 60 Kilometer entfernte Iraklio *(siehe S. 88–97)*. Genießen Sie abends in einem Restaurant mit Blick auf den Hafen und die Festung ein gutes Essen.

Strände

Klassisch griechisch, mit sanften Wellen und dunkelblauem Meer? Wie in St-Tropez mit cooler Musik und einem Drink in der Hand? Südseefeeling unter leise raschelnden Palmen? Ein Hauch Karibik mit feinem Sand an türkisfarbenem Wasser? An Kretas Stränden kann man eine kleine Weltreise unternehmen – man muss nur die Augen schließen und sich davonträumen …

Aber wer will sich auf Kreta schon davonträumen? Schließlich kann hier jeder sein Strandglück finden. Abenteuerlustige durchstreifen einsame Buchten, hinter deren Felsen in der flirrenden Mittagshitze der Gott Pan samt Nymphen erscheinen könnte – oder die ein oder andere Ziege, die mit Gemecker den Eindringling in ihrem Revier begrüßt.

Sportliche jagen beim Windsurfen über das Wasser, Familien haben Spaß beim Sandburgenbauen, und anderen geht das Herz auf, wenn sie in einer Strandbar mit Blick auf die ewigen Wellen des Mittelmeers die Ruhe genießen und Stress und Alltag vergessen können.

Strand von Balos

Beliebte Strände

Die meisten Besucher erkunden Kreta von den großen Urlaubsorten an der Nordküste aus. Östlich von Iraklio bieten dort vor
allem Chersonissos und Malia pures Strandvergnügen, westlich
locken die Strände von Bali, Rethymno und Georgioupoli mit
feinem Sand und klarem Wasser. Sicherheit und Kinderfreund-
lichkeit werden an allen Stränden großgeschrieben. Für Ver-
pflegung, Unterhaltung und Wassersport ist überall gesorgt.
Wer Ruhe sucht, muss oft nur zur nächsten Bucht spazieren.

Schon gewusst?

Auch außerhalb der
Badesaison von Mai
bis Oktober sind Was-
ser und Wetter oft
warm genug zum
Schwimmen.

*Die lagunenartige Bucht von Stavros
ist traumhaft*

*An dem langen Sandstrand von Georgioupoli
findet man immer ein schönes Plätzchen*

① **Chersonissos** *siehe S. 108
und S. 119.*

② **Malia** *siehe S. 108 und
S. 119.*

③ **Sitia** Ob Wassersport, Unterhaltung in der Strandbar
oder Ruhe – der lange Stadtstrand von Sitia bietet alles.
Mit flachem Wasser und Rettungsschwimmern ist er für
Familien sehr gut geeignet.

④ **Makrigialos** Der Strand
mit Schatten spendenden
Tamarisken, Tavernen und
exzellentem Wassersportan-
gebot erstreckt sich bis Analipsi. In der Nähe liegen ruhige unerschlossene Strände.

⑤ **Matala** *siehe S. 112f und
S. 119.*

⑥ **Paleochora** Paleochora
liegt auf einer Halbinsel.

Westlich der Stadt erstreckt
sich der Sandstrand Pachia
Ammos, im Osten ein kleine-
rer Kiesstrand. Sonnenschir-
me, Sportangebote und Bars
gibt es an beiden Stränden.
Pachia Ammos bietet auch
einen FKK-Abschnitt.

⑦ **Stavros** Die Bucht im Osten des Ferienorts bietet einen herrlichen weißen Sandbogen an türkisblauem Meer.

	①	②	③	④	⑤	⑥	⑦	⑧	⑨	⑩
Blaue Flagge	★	★	★	★	★	★	★	★	★	★
Sauberkeit	★	★	★	★	★	★	★	★	★	★
Ruhe			★	★		★				
Party	★	★								
Toiletten	★	★	★	★	★	★	★	★	★	★
Duschen	★	★	★	★	★	★	★	★	★	★
Liegen und Schirme	★	★	★	★	★	★	★	★	★	★
Rettungsschwimmer	★	★	★	★	★	★	★	★	★	★
Wassersport	★	★	★	★	★	★	★	★	★	★
Meeresschildkröten							★		★	
Gastro / Shopping	★	★	★	★	★	★	★	★	★	★
Kinderfreundlich	★	★	★	★	★	★	★	★	★	
Rollstuhlgerecht		★	★	★	★			★	★	★
Glasbodenboote	★									
Parken	★	★	★	★	★	★	★	★	★	★

Sonnenliegen am Strand von Makrigialos

Top 3 Strände

★	Spaß und Sport	Malia
★	Familien mit Kindern	Bali
★	Ruhige Atmosphäre	Paleochora

Bei Chersonissos bietet die Küste romantische Anblicke und malerische Strände

Matala war in den 1960er Jahren bei Hippies beliebt; der Ort liegt an einer wunderschönen Bucht

Schwimmer finden beste Bedingungen vor. Vor der Kulisse des markanten Bergs tanzte Anthony Quinn in dem Film *Alexis Sorbas* Sirtaki. Ruhiger, wenn auch mit Felsen und höheren Wellen, ist der kleinere Nachbarstrand.

⑧ Georgioupoli An dem zehn Kilometer langen Sandstrand findet man immer einen Platz, um sein Handtuch auszubreiten. Man kann auch Liegen mieten. Für gute Laune sorgen Wassersport und Bars, auch Ausritte sind möglich. Abkühlung bietet das kalte Wasser an der Mündung des Perastikos.

⑨ Rethymno An dem goldenen Sandstrand, der sich 13 Kilometer gen Osten erstreckt, kann man in Clubatmosphäre in schicken Gazebos Cocktails trinken. Der Strand ist nie überlaufen, man findet nach Belieben Action oder ruhige Fleckchen.

⑩ Bali Der in einer Bucht gelegene flache Sandstrand Livadi ist bei Familien beliebt. Bali bietet noch drei weitere Buchten. Von dem hübschen Strand am Hafen ist der Weg zu den Bars naturgemäß am kürzesten.

Strände für Individualisten

An der über 1000 Kilometer langen Küstenlinie Kretas findet jeder sein persönliches Strandparadies. Abseits der großen Ferienorte lassen sich kleine Juwele entdecken, die man nur per Boot oder nach einer Wanderung erreicht. An diesen Stränden ist man vor allem in der Nebensaison bisweilen allein oder trifft auf wenige Gleichgesinnte. Andere Strände sind mittlerweile so bekannt, dass sie in der Hauptsaison überlaufen sein können. Wunderschön sind sie trotzdem.

Schon gewusst?

Im Norden sind die Strände oft flacher, und das Wasser ist wärmer, im Süden sind sie oft ruhiger.

① Balos
  Kastelli   Chania
⑫ ● Kissamou   ② Seitan Limania
Falasarna

Rethymno

⑪ Elafonisi   Samaria
         Sougia   IRAKLIO   ● Chersonissos
Paleochora   Malia   ● Elounda   Sitia   ③ Vai
         Chora Sfakion   Plakias   ● Agios   ④ Kouremenos
                   Frango-   ⑨ Preveli   Nikolaos
                   kastello Agia Galini ⑧ Triopetra   ⑤ Kato Zakros
                                         Gortys
                   Matala ⑦ Red Beach /   Ierapetra   ⑥ Xerokampos
                          Komos
         ⑩ Potamos
            (Gavdos)

N ↑

Der Strand von Falasarna bietet ungetrübte Badefreuden und gute Bedingungen für Surfer

Der Sandstrand Seitan Limania liegt in einer malerischen kleinen Bucht östlich des Dorfs Chordaki

① **Balos** Der Sandstrand an der türkisblauen Lagune lässt von Südseewelten träumen. Er bietet zwei Tavernen und einen Schirmverleih.

② **Seitan Limania** Um den auch Stefanou genannten Sandstrand auf der Halbinsel Akrotiri zu erreichen, muss man trittsicher sein – oder mit dem Boot über das tiefblaue Wasser kommen.

③ **Vai** An dem weißen Sandstrand von Vai sorgen Dattelpalmen für karibisches Flair. Angeblich wuchsen sie aus Kernen, die sarazenische Piraten ausspuckten. Die Datteln sind nicht essbar.

④ **Kouremenos** Die nach Lee abgeschlossene Bucht mit langem Sandstrand ist für Wind- und Kitesurfer ideal. Es gibt Unterkünfte und Bars.

⑤ **Kato Zakros** Bei dem malerischen Fischerdorf Zakros liegt ein ruhiger Kiesstrand in einer geschützten Bucht. Für die Bequemlichkeit sorgen Liegen, für das sonstige Wohlergehen einige Tavernen.

⑥ **Xerokampos** An einem der abgeschiedensten Orte Kretas erstrecken sich wunderschöne Sand- und Kiesstrände vor rauer Bergkulisse.

	①	②	③	④	⑤	⑥	⑦	⑧	⑨	⑩	⑪	⑫
Blaue Flagge			★	★	★	★					★	★
Sauberkeit	★	★	★	★	★	★	★	★	★	★	★	★
Ruhe		★		★	★	★		★		★		
Party												
Toiletten	★		★	★	★		★	★	★		★	★
Duschen				★		★	★				★	★
Liegen und Schirme	★		★	★	★	★	★	★			★	★
Rettungsschwimmer				★							★	★
Wassersport				★	★	★				★	★	★
Meeresschildkröten	★					★	★			★		
Gastro / Shopping	★		★	★	★	★	★	★	★		★	★
Kinderfreundlich	★		★	★	★		★	★	★	★	★	★
Rollstuhlgerecht						★					★	★
Glasbodenboote												
Parken			★	★	★	★	★		★	★	★	★

Drei allein stehende Felsen sind namengebend für Triopetra

Am Strand von Preveli erstreckt sich ein Hain aus Kretischen Dattelpalmen

Die herrliche Lagune von Balos erinnert an ein Südseeparadies

Top 3 Strände

★ Spaß und Sport	Falasarna
★ Familien mit Kindern	Preveli
★ Ruhige Atmosphäre	Triopetra

⑦ **Red Beach** Den Strand mit rotem Sand und einer Bar mit Schirmverleih erreicht man von Matala zu Fuß in 25 Minuten. Zum Strand von **Komos**, Kretas bestem FKK-Strand, benötigt man eine Stunde.

⑧ **Triopetra** Nahe Akoumia liegen zwei Sandstrände mit Tavernen. Zwischen den Stränden stehen die namengebenden »Drei Felsen«.

⑨ **Preveli** An dem wunderschönen Sandstrand fließt der Bach Megalopotamos zwischen Oleandern, Palmen und Eukalypten ins Meer.

⑩ **Potamos** Der Sandstrand mit Pinien auf der Insel Gavdos, dem südlichsten Punkt Europas, liegt sieben Kilometer westlich von Karave an einem Bach am Ausgang einer Schlucht. Er lockt Camper an.

⑪ **Elafonisi** Der rosafarbene Strand vor der Insel Elafonisi ist kein Geheimtipp mehr. Nach 17 Uhr ist der Ansturm vorbei. In den nahen Buchten ist FKK möglich.

⑫ **Falasarna** Der wunderschöne Strand mit weißem Sand an türkisblauem Meer hat tropisches Flair. Er lädt zum Sonnenbaden, Surfen oder Schnorcheln ein.

Kultur

Wahrscheinlich muss man auf Kreta einfach nur graben, um auf uralte Mauern und Schätze zu stoßen. Auf der Insel erblühten im Lauf der Jahrtausende immer wieder neue Kulturen, und alle Geheimnisse wurden Kreta sicher noch nicht entlockt.

Kretas 4000-jährige Architekturgeschichte beginnt mit den minoischen Palastanlagen in Knossos und Phaestos. Paläste bauten auch in der klassischen Antike eingewanderte Griechen und – um die Zeitenwende – die römischen Statthalter.

In der Renaissance errichteten die Venezianer Palazzi und Festungen. In der Kunst gingen venezianische und byzantinische Traditionen eine fruchtbare Verbindung ein – Ergebnis sind die schönen Ikonen der Kretischen Schule. Modernen Kulturgenuss bieten im Sommer Festivals auf ganz Kreta.

Stierfresko im Palast von Knossos

Archäologen

Auf Kreta werden seit rund 150 Jahren Ausgrabungen vorgenommen. Um 1900 entdeckten Forscher den Palast von Knossos und weitere minoische Stätten. Die nach dem mythischen König Minos benannte Kultur, die vor über 4000 Jahren auf Kreta erblühte, gilt als die früheste Hochkultur Europas. Die von den Archäologen geborgenen Artefakte verwandelten Kretas Museen in Schatzkammern. Auch aus dem später von Dorern und Römern besiedelten minoischen Gortys stammen bedeutende Funde.

Schon gewusst?

Heinrich Schliemann (1822–1890), der Entdecker Trojas, verzichtete wegen zu hoher Kosten auf Grabungen in Knossos.

Diskos von Phaestos

Die Symbole auf der gebrannten Tonscheibe, die auf das 17./16. Jahrhundert v. Chr. datiert wird, sind nicht entschlüsselt. Sie wurden mit Stempeln eingedrückt – im Prinzip ein Druck mit beweglichen Lettern *(siehe S. 116)*.

Minoischer Goldschmuck

Die Schmuckstücke der bronzezeitlichen Kultur Kretas begeistern mit einer filigranen Ausführung, die auch schon den Besatz mit winzigen Goldkügelchen (Granulation) kannte.

Minos Kalokairinos (1843–1907) Der kretische Kaufmann und Amateurarchäologe begann 1878 vor Arthur Evans mit Ausgrabungen in Knossos. Er fand an der Stätte Vorratsgefäße und mykenische Keramiken.

Iosif Chatzidakis (1848–1936) Der Arzt und Archäologe war Mitbegründer des Archäologischen Museums in Iraklio. Er forschte in der Idäischen Grotte und leitete von 1915 bis 1920 die Ausgrabung des Palasts von Malia.

Federico Halbherr (1857–1930) Der italienische Archäologe entdeckte 1884 zusammen mit dem deutschen Archäologen Ernst Fabricius das Stadtrecht von Gortys. Ab 1900 leitete er die Grabungen in Phaestos und Agia Triada.

Harriet Boyd-Hawes (1871–1945) Die US-amerikanische Archäologin legte von 1901 bis 1904 die minoische Stadt Gournia frei. Sie war die erste Frau, die eine archäologische Grabung leitete.

Richard Seager (1882–1925) Der US-amerikanische Archäologe erforschte von 1903 bis 1906 die minoische Stätte bei Vasiliki nahe Ierapetra. Dann

Sir Arthur Evans (1851–1941)

Evans gilt als Entdecker der minoischen Kultur. Er studierte in Oxford, wo er später das Ashmolean Museum of Art and Archaeology leitete. 1900 begann er mit den Ausgrabungen in Knossos, die ihn über 30 Jahre lang beschäftigten.

Ring des Minos

Der u. a. mit einem Boot verzierte Siegelring (um 1500 v. Chr.) wurde 1928 in Knossos zufällig von einem Jungen entdeckt.

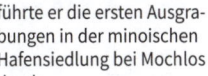

Minoische Schaukel

Das Tonmodell einer minoischen Skulptur (um 1450 v. Chr.) im Archäologischen Museum in Agia Triada zeigt eine schaukelnde Frauenfigur (wohl eine Göttin) und zwei Säulen, auf denen Vögel sitzen.

Stadtrecht von Gortys

Die Tafeln mit dorischer Schrift (um 500 v. Chr.) bilden die umfassendsten Gesetzestexte der Antike und eines der ältesten europäischen Gesetze.

führte er die ersten Ausgrabungen in der minoischen Hafensiedlung bei Mochlos durch.

John Pendlebury (1904–1941) Der britische Archäologe führte Arthur Evans' Arbeit in Knossos fort. Er erkundete weite Teile Kretas und stieß dabei auf Dutzende bedeutende Stätten. Im Zweiten Weltkrieg wurde er 1941 von den deutschen Besatzern auf Kreta exekutiert.

Nikolaos Platon (1909–1992) Der griechische Archäologe legte ab 1961 den minoischen Palast von Zakros frei. Er teilte, alternativ zu Arthur Evans' relativer Chronologie (spät-, mittel- und frühminoisch), die minoische Kultur in die Vor-, Alte, Neue und Nachpalastzeit ein.

Yannis Sakellarakis (1936–2010) Der Archäologe und Direktor des Archäologischen Museums in Iraklio entdeckte 1979 zusammen mit seiner Frau Efi den auf einem Berg gelegenen minoischen Tempel Anemospilia. An der Stätte wurden Menschenopfer durchgeführt – vermutlich um ein Erdbeben abzuwenden, das den Tempel dennoch zerstörte.

Architektur

Kretas Architekturgeschichte begann vor rund 4000 Jahren mit den Minoern. Deren Bauten boten mit klimatisierten Räumen und Wassertoiletten bereits höchsten Wohnkomfort. Ab dem 15. Jahrhundert prägten von den Venezianern errichtete Festungen und elegante Renaissance-Bauwerke die kretischen Städte. Ab 1650 sorgten die Osmanen mit Moscheen und verzierten Holzerkern für orientalisches Flair. Kretas heutige Architektur ist schnörkellos und funktional.

Leuchtturm (1830) am venezianischen Hafen von Chania

Rekonstruierte Säulenhalle, Palast von Knossos

Minoische Architektur (2. Jahrtausend v. Chr.)

Minoische Paläste bestanden aus mehrstöckigen Gebäuden mit Flachdächern, die durch Korridore und Treppen miteinander verbunden waren. Die Wände waren verputzt, bemalt und innen mit Holz und Stuck verkleidet. In die Steinmauern waren Balken eingelassen. Wie die Holzsäulen, die sich nach unten verjüngen, verliehen sie Gebäuden durch ihre Elastizität eine gewisse Erdbebensicherheit.

Byzantinische Architektur (300–1200 n. Chr.)

Kirchen aus der frühen byzantinischen Epoche sind Basiliken oder überkuppelte Zentralbauten. Letztere wurden später, im Grundriss dem griechischen Kreuz folgend, durch Seitenschiffe ergänzt. Bei Kirchen mit kreuzförmigem Grundriss thront die Kuppel über der Vierung. An der Westseite liegt ein Vorraum (Narthex). Innen trennt die Ikonostase, eine mit Ikonen verzierte Wand, den Altarraum vom Hauptschiff (Naos) ab.

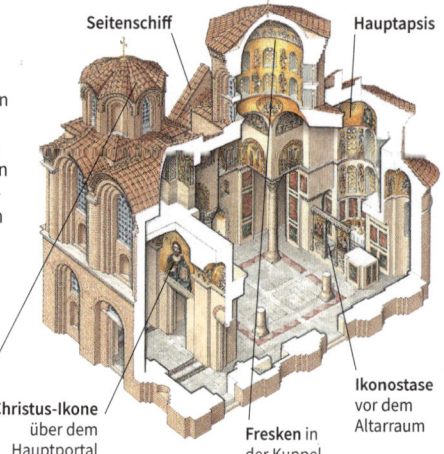

Seitenschiff

Hauptapsis

Kuppel über dem Vorraum (Narthex) am Eingang

Christus-Ikone über dem Hauptportal

Fresken in der Kuppel

Ikonostase vor dem Altarraum

Venezianische Festung, Rethymno

Venezianische Architektur (13.-17. Jahrhundert)

Die Venezianer errichteten Festungen an den Küsten, mit Halbsäulen geschmückte Renaissance-Kirchen und prächtige Bauten mit Loggien. Ihre Wohnhäuser umstanden oft einen Hof, das Erdgeschoss diente als Lager, die Portale waren mit Reliefs verziert.

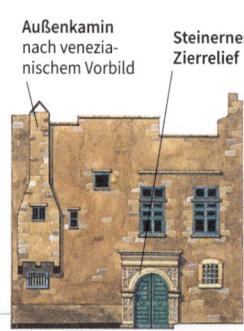

Außenkamin nach venezianischem Vorbild

Steinernes Zierrelief

Moschee (19. Jh.) mit Reinigungsbrunnen in Ierapetra

Osmanische Architektur (1650–1913)

Typisch sind die Moscheen mit bis zu 40 Meter hohen Minaretten, einer überkuppelten Gebetshalle und zuweilen Anbauten mit weiteren Kuppeln. Viele Moscheen entstanden durch den Umbau von Kirchen. Bei den Wohnhäusern besteht das Erdgeschoss meist aus Stein, die leicht hervorstehenden oberen Etagen sind aus Holz. Wohnhäuser waren in Männer- und Frauenbereiche aufgeteilt.

Moderne Architektur

Kretische Häuser weisen eine schlichte, kubische Form auf. Oft wird als Baumaterial unbearbeiteter Naturstein verwendet, der manchmal weiß verputzt wird. Kassettentüren mit Türklopfern und kunstvolle Eisengitter sind oft die einzigen schmückenden Elemente. Häuser auf dem Land waren früher eingeschossig und umfassten meist nur einen Raum. Charakteristisch sind die verputzten Flachdächer, auf denen Wasser gesammelt wird. Sie wurden einst aus Holzbalken, Rohr und gestampften Erdschichten erbaut.

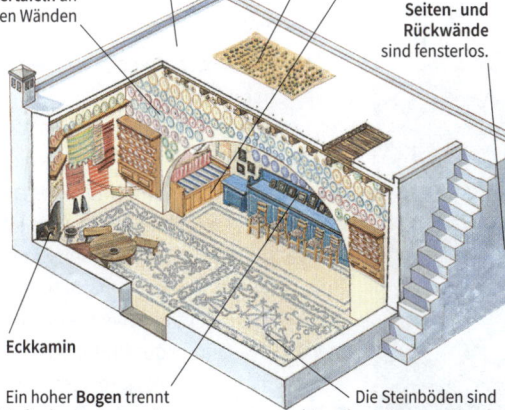

Das **Flachdach** besteht aus gestampften Erdschichten auf einer Balkendecke.

Das **Dach** dient im Sommer oft zum Trocknen von Früchten.

Unter dem erhöhten **Schlafpodest** bietet eine Kiste Stauraum.

Ziertafeln an den Wänden

Seiten- und Rückwände sind fensterlos.

Eckkamin

Ein hoher **Bogen** trennt häufig den Innenraum in Wohn- und Kochraum.

Die Steinböden sind bisweilen mit einem **Kieselmosaik** *(choklakia)* verziert.

Die **Segeltuchbespannung** der Flügel wurde je nach Windstärke gestrafft.

Windrad und **Dachkappe** ließen sich je nach Windrichtung verstellen.

Windmühlen auf der Lasithi-Hochebene

Windmühlen

In gemauerten Windmühlen wurde Getreide gemahlen. Die Windräder, mit denen Wasser aus dem Boden gepumpt wurde, waren meist einfache, mit Segeln bespannte Konstruktionen.

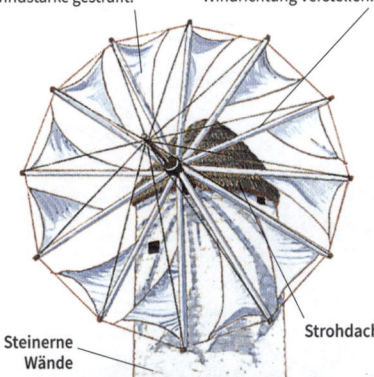

Steinerne Wände

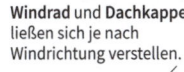

Strohdach

Schluchten

Vor allem im Süden Kretas befinden sich in den Hochgebirgen zahlreiche Höhlen und Schluchten. Die charakteristischen Elemente der Felsenlandschaft entstanden in Jahrmillionen durch Wasser, Wind und tektonische Bewegungen.

Neben der berühmten Samaria-Schlucht, einer der längsten Europas, laden Dutzende weitere Schluchten zu Wanderungen in unberührter Natur ein. Oft endet der Weg direkt an einem Strand – für müde Beine kann es kaum ein besseres Ziel geben.

Kretas Schluchten sind eigene kleine Welten, deren Charakter sich im Lauf der Jahreszeiten verändert. Wenn am Ende des Winters das Schmelzwasser aus den Bergen durch die schmalen Täler rauscht, sind sie eine gefährliche Wildnis. Im Frühjahr werfen sie sich einen Mantel aus Blüten über und verwandeln sich in von Schmetterlingen umtanzte Schönheiten. Im Sommer hängt zwischen den hohen steilen Felswänden der Duft mediterraner Kräuter in der Luft. Im Herbst ist es in den Schluchten angenehm kühl. Mit der Erkundung muss man sich dann allerdings sputen, denn bald macht Regen die Talböden unzugänglich.

Die imposante Samaria-Schlucht

In den Schluchten Kretas

Auf Kreta gibt es rund 400 größere und kleinere Schluchten. Die meisten befinden sich im Südwesten der Insel. Am berühmtesten ist die Samaria-Schlucht, deren fast senkrecht aufragende Felswände bis zu 600 Meter hoch sind und an manchen Stellen nur wenige Meter breite Passagen gewähren. Besucher, die den stets großen Andrang in der Samaria-Schlucht scheuen, haben in anderen spektakulären Schluchten die Möglichkeit, beim Wandern oder Klettern die Natur zu genießen oder beim Canyoning den Adrenalinspiegel in die Höhe zu treiben.

Schon gewusst?

Beim Schluchtenwandern sind feste Schuhe und reichlich Trinkwasser unerlässlich.

① Rouvas-Schlucht
Vom Votomos-See bei Zaros, 40 Kilometer von Matala entfernt, führt ein beschilderter Weg zur Kapelle Agios Nikolaos am Eingang der Rouvas-Schlucht. Die Schlucht mit schönen Wasserfällen durchwandert man im Schatten uralter Bäume.

Imbros-Schlucht ②
Durch die acht Kilometer lange Schlucht verlief einst der wichtigste Verkehrsweg von Chora Sfakion zur Nordküste *(siehe S. 166)*.

③ Samaria-Schlucht
Die Wanderung durch die berühmte Schlucht beginnt auf 1200 Metern Höhe und führt zwischen den steilen Felswänden der Lefka Ori (»Weiße Berge«) zum Libyschen Meer *(siehe S. 164f)*.

Schluchten
Kretas Schluchten verlaufen meist an den Rändern der Gebirge und enden am Meer. Sie wurden von Flüssen in das Gestein gegraben. Zwischen den steilen, oft mehrere Hundert Meter hohen Felswänden herrscht ein besonderes Mikroklima, das eine artenreiche Pflanzenwelt begünstigt. In den Schluchten leben auch seltene Tierarten wie Wildziegen und Bartgeier.

④ Kourtaliotiko-Schlucht

Die wildromantische Schlucht ist Flussbett des ständig wasserführenden Megalopotamos, der am Palmenstrand von Preveli *(siehe S. 25)* ins Meer mündet. Die Schlucht kann man mit dem Auto oder zu Fuß durchqueren. Unterwegs kann man Bartgeier und Steinadler erspähen.

Nachtreiher in der Schlucht der Toten bei Zakros

⑤ Aposelemis-Schlucht

Die vier Kilometer lange Wanderung durch die Schlucht mit bizarren Felsformationen und artenreicher Vegetation führt von Gouves nahe Chersonissos *(siehe S. 108)* nach Analipsi. Sie beinhaltet einige Kletterpartien. Der Aposelemis, einer der längsten Flüsse Kretas, durchquert die Schlucht.

⑦ Schlucht der Toten

Die acht Kilometer lange Wanderung führt von Zakros zum minoischen Palast bei Kato Zakros *(siehe S. 136)*. Die Minoer nutzten die Höhlen in den Felswänden als Grabstätten – daher der Name der Schlucht.

⑥ Red-Butterfly-Schlucht

Auf Kreta sind 45 Schmetterlingsarten beheimatet. In der sieben Kilometer langen Schlucht kann man die bezaubernden Insekten in großer Vielfalt beobachten. Seit einem Waldbrand im Jahr 1993 hat ihr Bestand jedoch abgenommen, und man sieht sie vorwiegend im Mai. Der Weg durch die Schlucht beginnt rund 20 Kilometer östlich von Ierapetra *(siehe S. 134)* bei Koutsouras und endet in Orino. In dem Dorf gibt es Tavernen.

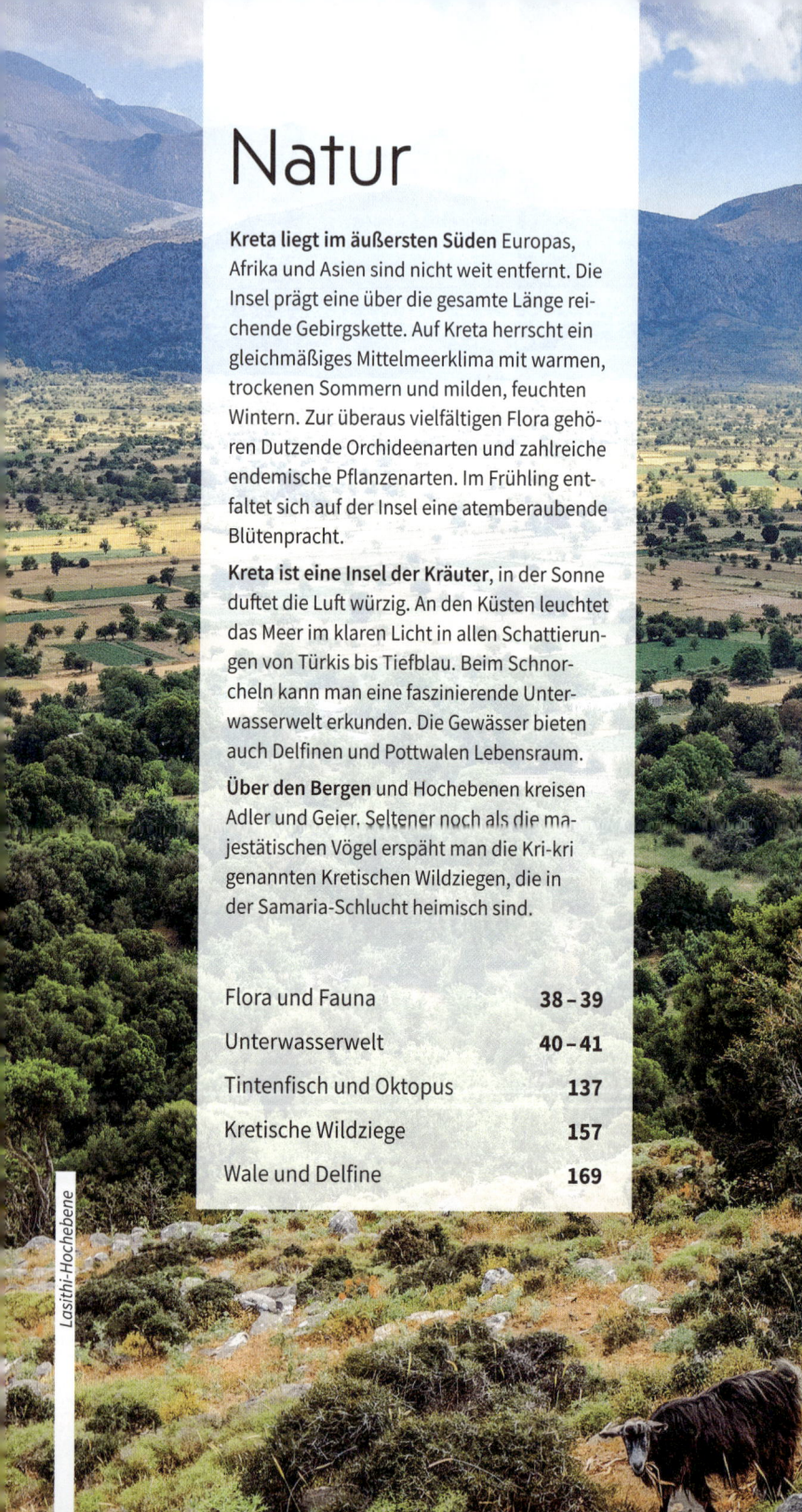

Natur

Kreta liegt im äußersten Süden Europas, Afrika und Asien sind nicht weit entfernt. Die Insel prägt eine über die gesamte Länge reichende Gebirgskette. Auf Kreta herrscht ein gleichmäßiges Mittelmeerklima mit warmen, trockenen Sommern und milden, feuchten Wintern. Zur überaus vielfältigen Flora gehören Dutzende Orchideenarten und zahlreiche endemische Pflanzenarten. Im Frühling entfaltet sich auf der Insel eine atemberaubende Blütenpracht.

Kreta ist eine Insel der Kräuter, in der Sonne duftet die Luft würzig. An den Küsten leuchtet das Meer im klaren Licht in allen Schattierungen von Türkis bis Tiefblau. Beim Schnorcheln kann man eine faszinierende Unterwasserwelt erkunden. Die Gewässer bieten auch Delfinen und Pottwalen Lebensraum.

Über den Bergen und Hochebenen kreisen Adler und Geier. Seltener noch als die majestätischen Vögel erspäht man die Kri-kri genannten Kretischen Wildziegen, die in der Samaria-Schlucht heimisch sind.

Lasithi-Hochebene

Flora und Fauna

Das milde Klima auf Kreta und die abwechslungsreiche Topografie der Insel lassen über 1500 Pflanzenarten gedeihen. Rund 170 Arten sind ausschließlich auf Kreta heimisch. In der Landschaft bezaubern Wildblumen, Olivenhaine, Wiesen, Obstgärten und Felsheiden *(phrygana)*, in den Schluchten gibt es immergrüne Wälder. Im Frühjahr und im Herbst rasten Zugvögel auf Kreta. Bartgeier, Steinadler und andere seltene Greifvögel sowie die vom Aussterben bedrohte Kretische Wildkatze sind ganzjährige Bewohner.

Auf der Halbinsel Akrotiri gibt es **Chamäleons**.

↑ *Die Samaria-Schlucht* (siehe S. 164f) *entstand durch Bewegungen der Erdkruste und die winterlichen Sturzbäche von der Omalos-Hochebene. In der Schlucht wachsen Pfingstrosen, Alpenveilchen und der endemische Kretische Ebenholzstrauch. Die steilen Hänge sind das Revier der Kretischen Wildziege.*

Plagia

Omalos-Hochebene

Chania

Samaria-Schlucht

Rethymno

Kourtaliotiko-Schlucht

Psilori
2456

Agia Galini

Bucht von Messara

Agia Triada

0 Kilometer 20

Vor der Südwestspitze Kretas sind **Pott**- und **Schnabelwale** zu sehen.

Über der Omalos-Hochebene kreisen **Bartgeier**. Der größte Greifvogel Europas hat eine Flügelspannweite von fast drei Metern und spielt als Aasfresser eine wichtige Rolle im Ökosystem.

In der Kourtaliotiko-Schlucht gedeiht **Salbei**, dem der griechischen Mythologie zufolge Aphrodite den intensiven Duft verlieh.

Bei Agia Galini *(siehe S. 156)* wogt im Frühjahr ein Blütenmeer. Ab Februar blüht auch das **Riesenknabenkraut** – die Orchideenart erreicht Wuchshöhen von bis zu 80 Zentimetern.

In den Sümpfen bei Agia Triada staksen **Stelzenläufer** auf ihren extrem langen Beinen umher.

↑ *In der Bucht von Messara locken Gräser Schmetterlinge wie den Schwalbenschwanz an.*

Wildblumen auf Kreta

Kretas spektakuläre Wildblumen ziehen alljährlich zahlreiche Hobby-Botaniker an. Von Februar bis Mai steht die Insel in voller Blütenpracht, gegen Ende Mai sind die meisten Blumen bereits verblüht und verdorrt. Den Sommer verbringen sie vor Hitze geschützt als Zwiebeln oder Knollen unter der Erde, wo sie neue Kräfte sammeln.

Touranbieter

Tourist Guides of Crete
⌂ Andreadaki 13 –15, 71201 Iraklio
☎ +30 28103 42222
ⓦ travel-crete.gr

Duma Naturreisen
⌂ Salierstr. 24, 70736 Fellbach
☎ +49 711 838 65 80
ⓦ duma-naturreisen. de

Nahtour
⌂ Obere Dorfstr. 2, 93358 Train
☎ +49 9444 981 30
ⓦ nahtour.info

Vor den Küsten tummeln sich **Delfine**.

Im Dikti-Gebirge sind die Berghänge im Frühjahr mit **Orchideen** und anderen Wildblumen übersät.

Die Salzpfannen bei Elounda locken **Säbelschnäbler** an.

IRAKLIO

Malia

Lasithi-Hochebene

Dikti-Gebirge

Elounda

Agios Nikolaos

↑ *An den steilen Klippen bei Sitia* (siehe S. 134) *sorgen die lila Blüten des Kretischen Ebenholzstrauchs im Frühjahr für Farbe.*

Sitia

Ierapetra

Zakros

Nahe der Lasithi-Hochebene sieht man bunte **Wiedehopfe**.

Bei Agios Nikolaos machen **Bachstelzen** und andere Zugvögel Station.

Im Osten Kretas sonnen sich **Geckos** an Steinmauern.

Bei Ierapetra *(siehe S. 134)* brüten seltene **Rotkopfwürger**. Die Zugvögel spießen Insekten auf Dornen auf, um sie leichter fressen zu können.

Bei Zakros *(siehe S. 136)* vollführen **Eleonorenfalken** akrobatische Flugmanöver.

Unterwasserwelt

Das Mittelmeer ist ein Binnenmeer, das nur eine schmale Verbindung zum Atlantik besitzt. Deshalb sind die Gezeiten schwach ausgeprägt. An den Küsten Kretas werden folglich bei Ebbe relativ wenige Meerestiere und -pflanzen freilegt. Schnorchler und Taucher erhalten in den küstennahen Gewässern jedoch Einblick in eine faszinierende Unterwasserwelt mit teils bizarren Bewohnern. Wer lieber auf dem Trockenen bleibt, kann sich an der artenreichen Küstenvegetation und den vielen Strandvögeln erfreuen.

Schon gewusst?

Im Hochsommer kann die Wassertemperatur auf Kreta bis zu 27 °C betragen.

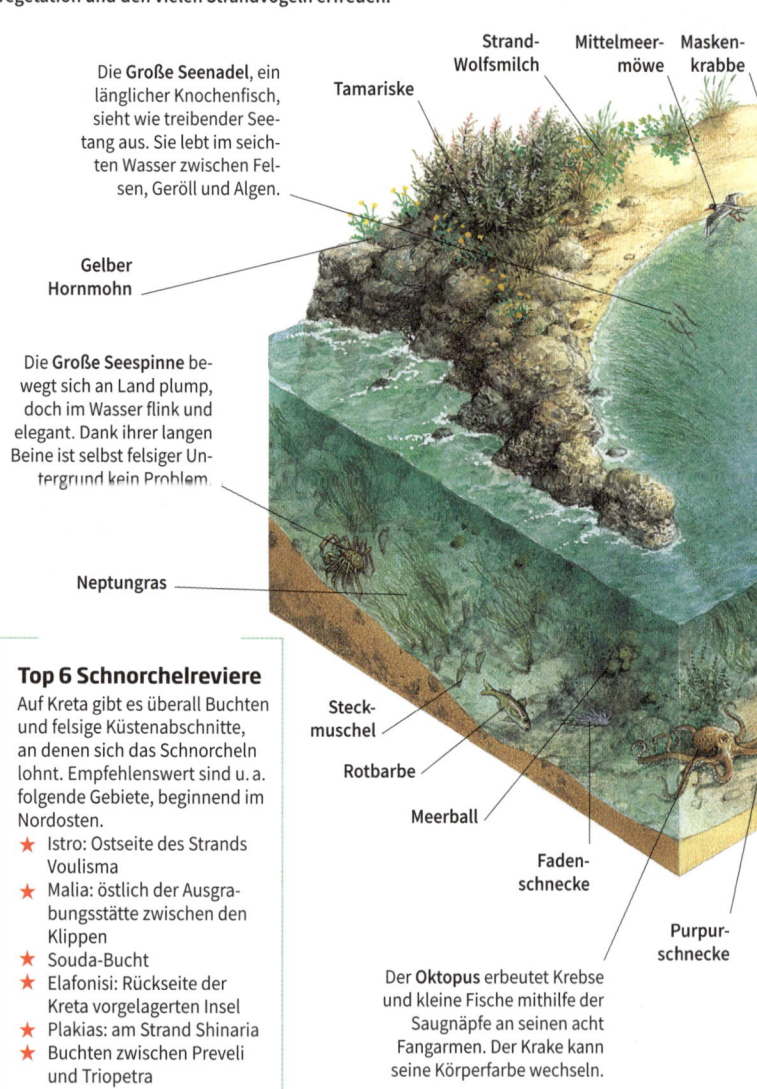

Die **Große Seenadel**, ein länglicher Knochenfisch, sieht wie treibender Seetang aus. Sie lebt im seichten Wasser zwischen Felsen, Geröll und Algen.

Gelber Hornmohn

Die **Große Seespinne** bewegt sich an Land plump, doch im Wasser flink und elegant. Dank ihrer langen Beine ist selbst felsiger Untergrund kein Problem.

Neptungras

Tamariske

Strand-Wolfsmilch

Mittelmeermöwe

Maskenkrabbe

Steckmuschel

Rotbarbe

Meerball

Fadenschnecke

Purpurschnecke

Top 6 Schnorchelreviere

Auf Kreta gibt es überall Buchten und felsige Küstenabschnitte, an denen sich das Schnorcheln lohnt. Empfehlenswert sind u. a. folgende Gebiete, beginnend im Nordosten.

★ Istro: Ostseite des Strands Voulisma
★ Malia: östlich der Ausgrabungsstätte zwischen den Klippen
★ Souda-Bucht
★ Elafonisi: Rückseite der Kreta vorgelagerten Insel
★ Plakias: am Strand Shinaria
★ Buchten zwischen Preveli und Triopetra

Der **Oktopus** erbeutet Krebse und kleine Fische mithilfe der Saugnäpfe an seinen acht Fangarmen. Der Krake kann seine Körperfarbe wechseln.

Die Unechte Karettschildkröte legt ihre Eier an Sandstränden ab. Der Tourismus hat die Bestände dezimiert. Die wenigen verbliebenen Brutplätze sind geschützt.

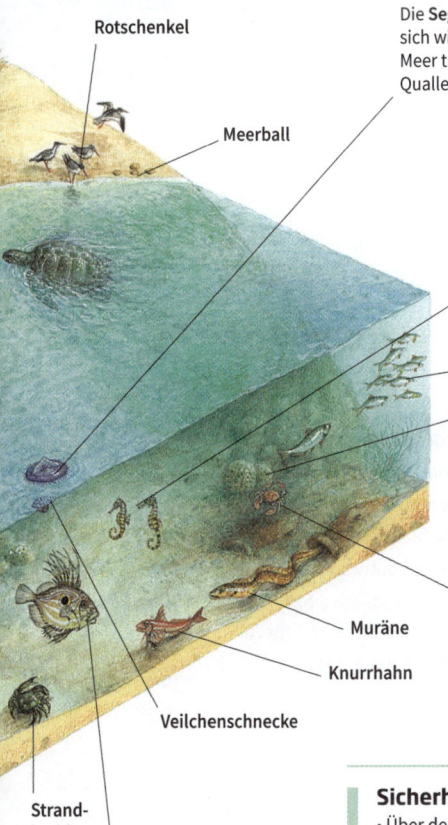

Die **Segelqualle** (»Segler vor dem Wind«) lässt sich wie ein Floß mit Segel vom Wind über das Meer tragen. Die Nesselschläuche mancher Quallenarten verursachen Hautverletzungen.

Seepferdchen leben gern im Seegras. Um die Pflanzen gewickelt, gibt der Schwanz ihnen Halt. Bei der Brutpflege tragen die Männchen Eier und Junge in einem Brutbeutel.

Rotschenkel

Meerball

Sardinen

Schwämme

Muräne

Knurrhahn

Veilchenschnecke

Strandkrabbe

Der **Petersfisch** geht zwischen küstennahen Felsen auf Nahrungssuche. Er besitzt einen platten, ovalen Körper und an der Rückenflosse lange Stacheln. Der neugierige Fisch kann sehr zutraulich sein.

↑ *Die aggressive Schwimmkrabbe bewegt sich mit ihren paddelähnlichen Enden an den Hinterbeinen fort.*

Sicherheitstipps für Schnorchler

- Über dem Meer können plötzlich Stürme aufziehen. Erfragen Sie die Witterungs- und Badebedingungen, ehe Sie ins Wasser gehen.
- Schnorcheln Sie nicht dort, wo es Quallen gibt.
- Schnorchel und Maske müssen perfekt sitzen, achten Sie beim Kauf oder Ausleihen darauf.
- Schnorcheln Sie nie ohne Begleitung.
- Tragen Sie T-Shirt oder Taucheranzug.
- Meiden Sie die Nähe von Häfen. Dort ist das Wasser trübe, Schiffe und Verunreinigungen bergen Gefahren.
- Bleiben Sie unbedingt in Strandnähe.

Aktivurlaub

Ein mediterraner Kosmos im Wohnzimmerformat – vielleicht fasst diese Beschreibung die Vorzüge, die Aktivurlauber auf Kreta genießen, am besten zusammen. Meer oder Berge, Strandleben oder Gipfelglück? Bei der Planung einer Kreta-Reise stellt sich diese Frage nicht, denn die Insel besitzt sowohl traumhafte Strände als auch atemberaubende Gebirgslandschaften.

Kreta bietet eine große Bandbreite an Aktivitäten: Besucher können in eine faszinierende Unterwasserwelt eintauchen, die Insel aus luftiger Höhe betrachten, mit dem Wind über die Wellen flitzen, auf einem Green das Eisen schwingen, auf einsamen Wegen wandern, ins weite Blau hinaussegeln oder Berge und Küsten auf den Rücken von Pferden erkunden.

Von den Küsten in die Berge, vom trubeligen Ferienort in die unberührte Natur auf Kreta ist dies in der Regel nur ein Katzensprung. Um auf der landschaftlich abwechslungsreichen Mittelmeerinsel aktiv zu werden, müssen Amateure, ambitionierte Sportler und abenteuerlustige Naturfreunde meist keine weiten Strecken zurücklegen.

Windsurfer in einer Bucht

Wassersport bis Golf

Über Klippen zu einem abgelegenen Strand wandern, mit dem Mountainbike anspruchsvolle Trails befahren, mit dem Jetski über das Wasser sausen, beim Surfen auf den Wellen reiten, auf dem Rücken eines Pferdes malerische Küstenabschnitte erkunden – Kreta bietet zahllose Möglichkeiten, sportlichen Betätigungen nachzugehen. Ob tief unter Wasser oder hoch auf den Berggipfeln – auf der sonnenverwöhnten Mittelmeerinsel können Aktivurlauber viele Abenteuer erleben.

Schon gewusst?

Als intensives Naturerlebnis werden Seekajaktouren immer beliebter.

Jetski und Co.
Ob Jetski- oder Wasserskifahren, ob Wakeboarden oder Fahrten mit Bananenbooten – Tempobegeisterte haben in allen Ferienorten die Möglichkeit, ihrer bevorzugten Freizeitbeschäftigung nachzugehen.

Aktiv sein
Für den entspannten Ausflügler ist Kreta ein ebenso lohnendes Ziel wie für den ambitionierten Sportler. Auf der Insel kann jeder nach seiner Fasson aktiv werden.

Delfine und Wale
In den Gewässern rund um Kreta schwimmen Delfine. Bei Boots- und Tauchtouren kann man die anmutigen Tiere aus der Nähe betrachten. Vor der Südküste bietet sich Besuchern ein besonderes Erlebnis: Riesige Pottwale tauchen in den Hellenischen Tiefseegraben ab, Buckelwale vollführen akrobatische Sprünge. Bootstouren zu den Walen starten von Juli bis September in Paleochora *(siehe S. 169)*.

Reiten
Ein Ausritt am Strand – diesen Traum kann man sich nicht nur in Georgioupoli *(siehe S. 23)* erfüllen. Kreta ist für Reiterferien ideal.

Golf
Golfer zieht es auch auf Kreta auf das geliebte Green. Auf dem 18-Loch-Platz des Crete Golf Club (www.cretegolfclub.com) in den Hügeln bei Chersonissos steigern der Blick aufs Meer und eine frische Brise das Vergnügen. Der Porto Elounda Golf Club (www.portoelounda.com) bietet einen 9-Loch-Platz direkt am Meer.

Tauchen und Schnorcheln
Der Lärm des Alltags ist schnell vergessen, wenn man in die stille Unterwasserwelt abtaucht. Kreta bietet vor allem an felsigen Küstenabschnitten hervorragende Schnorchelreviere *(siehe S. 40)*. Besucher, die es weiter in die Tiefe zieht, können an Tauchkursen teilnehmen oder auf Ausflügen die schönsten Reviere erkunden.

Paragliding
Gleitschirmfliegen wird auf Kreta immer beliebter. Der Blick auf die Landschaft aus der Vogelperspektive ist grandios. Anfänger können Tandemflüge buchen oder mit einem erfahrenen Piloten in einem motorisierten Paratrike abheben.

Wind- und Kitesurfen
Der Meltemi, der von April bis Oktober vom griechischen Festland über das Meer nach Süden weht, sorgt für heiteres Wetter – und bietet Surfern an einigen Küstenabschnitten exzellente Bedingungen. Ein Top-Ziel ist der Strand von Kouremenos *(siehe S. 128)* im Osten Kretas.

Genuss

Frische Salate mit Wildkräutern oder Wildgemüse, schmackhafte Vorspeisen, zartes Lammfleisch, köstliches Seafood, Wein aus sonnenverwöhnten Trauben – wer die griechische Küche liebt, kommt auf Kreta auf seine Kosten.

Für das gewisse Extra sorgen die auf Kreta produzierten hochwertigen Olivenöle, aromatische (Wild-)Kräuter und der inseltypische würzige Honig. Zu den Delikatessen gehören auch die zahlreichen kretischen Käsesorten. Sie werden aus Milch von frei laufenden Schafen und Ziegen hergestellt, die sich von Gras und Wildkräutern ernähren.

Eine perfekte Mahlzeit ist auf Kreta ein soziales Ereignis. Sie wird mit Freunden und / oder der Familie genossen und mit einem Glas Tsikoudia abgeschlossen. Der Tresterbrand wird auch in Kafenia, den traditionellen Cafés auf der Insel, ausgeschenkt. Dort kann man zudem den in Kupferkännchen zubereiteten Griechischen Mokka kosten.

Kretische Küche

In den Ferienorten an der Küste haben sich die meisten Restaurants mit griechischen Klassikern und internationalen Standardgerichten auf ihre Gäste eingestellt. Wer abseits der Urlauberzentren auf dem Land unterwegs ist, kann in Tavernen die köstlichen Aromen der traditionellen Inselküche genießen. Es lohnt sich, auf eine kulinarische Entdeckungsreise zu gehen und die Gerichte mit Wildgemüse, die würzigen Käsesorten und den süß-herben Honig zu kosten, der nach Sonne und aromatischen Kräutern schmeckt.

Gesunde Kost

In der gesamten Mittelmeerregion wird gut und gesund gegessen. Die traditionelle kretische Kost nimmt aufgrund der exzellenten Zutaten eine herausragende Stellung ein. Gemüse, Kräuter und Obst bilden einen großen Anteil der Ernährung. Sie liefern Vitamine, Mineralien und sekundäre Pflanzenstoffe. Das kretische Olivenöl (siehe S. 135) enthält reichlich essenzielle Fettsäuren. Und selbst Kretas Wein ist wegen des hohen Anteils an Vitamin E ein Sonderfall.

Gemüse

Gemüse spielt in der kretischen Küche eine große Rolle. Aus den Gärten und von den Feldern stammende Tomaten, Paprikaschoten, Artischocken, Okras, Karotten, Fenchel, Spinat und Kartoffeln werden gedünstet, gebraten, frittiert, mit Reis, Käse oder Fleisch gefüllt, zu Pürees, Pasteten, Eintöpfen und Aufläufen verarbeitet oder als Salat serviert. Besonders beliebt sind Zucchini (kolokithia) und Auberginen (melitzanes), z. B. in Form von gebratenen Zucchinischeiben (kolokythakia tiganita) und gefüllten Zucchiniblüten (anthous) oder als Gemüseauflauf aus Zucchini, Auberginen, Paprika, Tomaten und Kartoffeln (briam).

Eine Bereicherung sind die Wildgemüse (chorta), die nach alter Tradition gesammelt werden. Am bekanntesten sind das spinatähnliche vlita und Portulak (glystrida). Stamnagathi – eine Wegwartenart – hat sich mittlerweile auch einen Platz in der jungen ambitionierten griechischen Küche erobert. Chorta werden oft gedünstet und als Salat angerichtet. Sie bieten zart nussige bis bittere, teils ungewöhnliche Aromen.

Typisch kretisch sind Gerichte mit Hülsenfrüchten wie weißen Bohnen, Kicher- und Platterbsen. Sie werden bevorzugt in Eintöpfen verwendet oder zu Pürees verarbeitet und als mezedes (Vorspeisen) serviert. Hummus aus Kichererbsen und Fava aus Platterbsen sollte man unbedingt kosten. Letzteres wird mit Olivenöl und Zwiebeln angemacht und ist fast nur auf Kreta erhältlich.

Fleischgerichte

Neben Ziegen werden auf Kreta v. a. Schafe gezüchtet. Lammfleisch wird in Form von Rippchen (paidaki), Hackbällchen (keftedes), Schmorbraten (kleftiko) oder Souvlaki serviert. Zu Ostern grillt man Lamm am Spieß und kocht aus den Innereien die Suppe magiritsa – wie patsas (Kuttelsuppe) ein deftiger Genuss. Schweinefleisch wird zu Weihnachten gegessen und in Lokalen oft als Spanferkel serviert – oder in Kräutern geräuchert als apaki.

Lammkarree vom Grill

Bauernsalat *(choriatiki salata)*
Zu den Zutaten des beliebten Salats gehören
Tomaten, Gurken, Zwiebeln, Oliven und Feta.

Spanakopita
Die aus Filoteig und Blattspinat zubereitete
Spezialität wird gern als Snack gegessen.

Brot

Brot *(psomi)* wird auf Kreta
zu jeder Mahlzeit serviert. Es
gibt Varianten mit Rosinen
und Kräutern. An Feiertagen
werden kunstvoll verzierte
Brote gereicht. Das doppelt
gebackene, zwiebackähn-
liche *paximadi* wird vor dem
Verzehr mit Wasser ange-
feuchtet. Mit Olivenöl be-
träufelt und Tomaten und
Feta belegt, wird es als *dakos*
genannte Vorspeise serviert.

Käse

Die kretischen Käsesorten
sind köstlich. *Graviera* ist
ein Hartkäse aus Schafmilch.
Als gereifter *kefalograviera*
ist er sehr würzig. Der Käse-
bruch *malaka* wird zur Herstellung von *graviera* verwendet oder wie der weiche
myzithra aus Ziegen- oder
Schafmolke in Pasteten verarbeitet. *Staka*, eine Art But-
terschmalz aus Ziegen- oder
Schafmilch, wird gern warm
zu Brot gegessen.

Fisch und Schnecken

In Restaurants an der Küste
ist das Seafood-Angebot
groß, im Landesinneren dagegen wird kaum Fisch serviert. Eine Ausnahme bilden
Forellen aus dem Votomos-
See *(siehe S. 110)*.
   Zu den einfachen Fisch-
gerichten gehören gebackene *gopes* (Gelbstriemenbras-
sen), die als *mezedes* serviert

werden. An der Küste sind
Tintenfisch *(siehe S. 137)* und
frittierte Sardellen *(gavros)*
beliebt. Filets vom Schwert-
fisch *(xifias)* und die Suppe
kakavia begeistern Fischlieb-
haber ebenfalls. Für die Zu-
bereitung von Schnecken
gibt es auf Kreta viele Rezep-
te. Sie werden mit Zitronen-
saft, Wein, Reis oder Gemüse
angerichtet. In Öl gebraten
werden sie als *boubouristi*
zu Wein als Snack gereicht.

Obst

Zum reichhaltigen Obstan-
gebot auf Kreta gehören Gra-
natäpfel, Orangen, Bananen,
Kirschen, Trauben und Fei-
gen. Obst ist eine beliebte
Nachspeise. In Zuckersirup
eingekocht, wird es als *glyko
tou koutaliou* (»Löffelsüßig-
keit«) genossen.

Getränke

Der Weinanbau hat auf Kreta
eine lange Tradition. Als Ge-
tränk wird Wein *(krasi)*, insbesondere Rotwein, sehr ge-
schätzt. Auch Bier *(bira)* wird
gern getrunken. Mythos, Fix
und Alfa sind griechische
Sorten. Tsikoudia ist die kretische Variante des im Rest
Griechenlands Tsipouro genannten Tresterbrands *(siehe
S. 167)*. Auf Kreta ist auch die
Bezeichnung Raki geläufig
(nicht zu verwechseln mit
türkischem Rakı, der wie Ou-
zo mit Anis aromatisiert ist).
   Griechischer Mokka wird
aus sehr feinem Pulver mit
Wasser aufgekocht und vor
allem in dem Kafenio getrunken
(siehe S. 153). Die kretischen
Kräutertees Malotira und
Diktamo sind gesund und
schmackhaft.

Frisches Obst wird auf Kreta reichlich gegessen

Speisekarte

Traditionell besteht der erste Gang einer kretischen Mahlzeit aus *mezedes* (Vorspeisen). *Mezedes* kann man auch als Snacks in *rakadika* oder Bars genießen. Den nächsten Gang bilden Fleisch oder Fisch, meist mit Salat. Als Dessert wird oft Obst serviert. Süßes Gebäck und Kuchen kauft man üblicherweise in der Konditorei. Das Grundnahrungsmittel Brot wird zu jeder Mahlzeit gereicht. Wenn Kreter als *parea* (Gruppe von Freunden) essen gehen, bestellen sie viele verschiedene Gerichte *(mezedakia)*, die auf jeweils eigenen Tellern serviert werden. Jeder kann sich davon nehmen.

Koulourakia – griechisches Ostergebäck

Keftedes, in Öl gebratene Frikadellen aus Hackfleisch, Ei und Brot, sind mit Kreuzkümmel und Kräutern gewürzt.

~ ΜΕΖΈΔΕΣ ~
Mezedes

Oliven — **Ελιές** *Elies*

Gesalzene Creme aus Fischrogen — **Ταραμοσαλάτα** *Taramosalata*

Dip aus Joghurt und Gurke — **Τζατζίκι** *Tzatziki*

Κεφτέδες *Keftedes*

Dip aus gelben Platterbsen und Olivenöl — **Φάβα** *Fava*

Auberginencreme — **Μμελιτζανοσαλάτα** *Melitzanosalata*

Mit Reis gefüllte Weinblätter — **Ντολμάδες** *Ntolmades*

Auberginen, gefüllt und gebacken — **μελιτζάνες ιμάμ μπαϊλντί** *Melitzanes imam baildi*

~ ΨΑΡΙΆ ~ **Psaria**

Fisch wird in Küstenorten angeboten. — **Πλακαί** *Plaki*

σχάρας *Scharas*

Frittierte Tintenfischringe — **Καλαμαράκια τηγανητά** *Kalamarakia tiganita*

Choriatiki salata, griechischer Bauernsalat, enthält Tomaten, Gurken, Zwiebeln, Oliven, Kräuter und Feta.

Psari plaki ist ein Fischauflauf mit Tomaten, Zwiebeln und Oliven.

Schon gewusst?

Scharas heißt »vom Grill«, sei es Fisch, Gemüse oder Fleisch.

Mezedes

Griechische Vorspeisen werden *mezedes* genannt. *Taramosalata* ist eine Creme aus Fischrogen. *Melitzanosalata* wird aus gebratenen Auberginen zubereitet, *revithosalata* aus Kichererbsen, Koriander und Knoblauch. *Melitzanes imam baildi* sind mit Zwiebeln, Tomaten und Kräutern gefüllte Auberginen, *dolmades* mit Reis und Hackfleisch gefüllte Weinblätter. *Fava* ist ein Dip aus gelben Platterbsen.

Revitho-salata

Dolmades

Melitzanes imam baildi

Taramo-salata

Typische Auswahl an *mezedes*

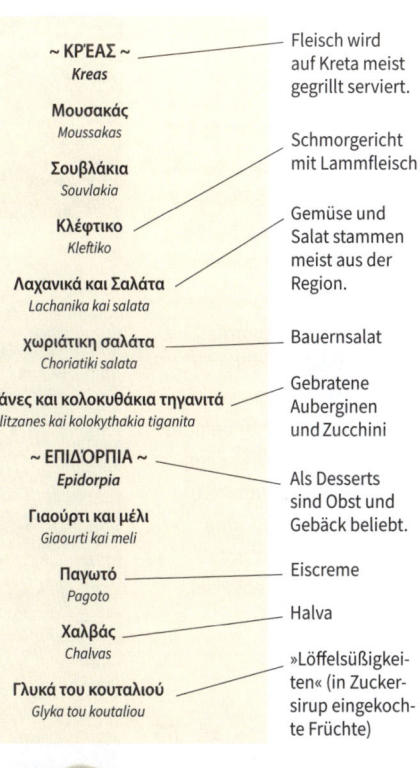

~ ΚΡΈΑΣ ~
Kreas — Fleisch wird auf Kreta meist gegrillt serviert.

Μουσακάς
Moussakas

Σουβλάκια
Souvlakia — Schmorgericht mit Lammfleisch

Κλέφτικο
Kleftiko — Gemüse und Salat stammen meist aus der Region.

Λαχανικά και Σαλάτα
Lachanika kai salata

χωριάτικη σαλάτα
Choriatiki salata — Bauernsalat

μελιτζάνες και κολοκυθάκια τηγανιτά
Melitzanes kai kolokythakia tiganita — Gebratene Auberginen und Zucchini

~ ΕΠΙΔΌΡΠΙΑ ~
Epidorpia — Als Desserts sind Obst und Gebäck beliebt.

Γιαούρτι και μέλι
Giaourti kai meli

Παγωτό
Pagoto — Eiscreme

Χαλβάς
Chalvas — Halva

Γλυκά του κουταλιού
Glyka tou koutaliou — »Löffelsüßigkeiten« (in Zuckersirup eingekochte Früchte)

Souvlakia sind saftige Schweinefleischspießchen vom Grill, die mit Zitrone, Kräutern und Olivenöl gewürzt werden.

Moussakas wird mit Hackfleisch und Auberginen, aber auch in zahlreichen vegetarischen Varianten zubereitet.

Giaourti kai meli (Joghurt mit Honig) gibt es in *galaktopolia* (»Milchläden«) auch zum Mitnehmen.

Süßes Gebäck, Kuchen und Pasteten werden in Cafés gegessen. Beliebt sind *baklava* (aus Blätterteig und Nüssen) und *kataifi* (süße Röllchen mit Sirup).

Wellness

Den Alltag weit hinter sich lassen, Stress abbauen und Energie tanken – im Urlaub hat man endlich Zeit, sich auf das eigene Wohlbefinden zu konzentrieren. Auf Kreta lässt sich dieses Vorhaben hervorragend umsetzen. Vom Sonnenanbeter bis zum Aktivurlauber – auf der Insel findet jeder den passenden Weg zur wohlverdienten Rundumerholung.

Entschleunigung suchen und Harmonie von Körper, Geist und Seele finden – Yoga-Kurse eignen sich perfekt dazu. Kreta ist ein Zentrum der europäischen Yoga-Szene. Die Insel bietet Anfängern und Profis ideale Bedingungen, um in traumhafter Landschaft die Vitalität zu steigern und Gelassenheit zu finden.

Der Königsweg zur ganzheitlichen Entspannung ist für viele Urlauber der Aufenthalt in einem der luxuriösen Wellnesshotels, für die Kreta bekannt ist. Diese Häuser verwöhnen Gäste auf höchstem Niveau – mit einem umfassenden Angebot, zu dem Massagen, Thalasso-Kuren und Fitnessprogramme sowie eine hervorragende Gastronomie gehören. Privatsphäre wird in den Hotels großgeschrieben, etwa mit eigenem Pool direkt vor dem Zimmer.

Pool mit Blick aufs Meer

Spas, Beauty und Yoga

Massagen, Thalasso-Kuren, Fitnessprogramme – Wellness wird auf Kreta großgeschrieben und in allen Varianten angeboten. Die Insel hat auch großen Stellenwert für die europäische Yoga-Szene: Seit Jahrzehnten kann man in speziellen Zentren unter fachkundiger Anleitung Körper, Geist und Seele in Harmonie bringen. Auch die luxuriösen Wellnesshotels, die seit einiger Zeit an Beliebtheit gewinnen, bieten Yoga-Kurse an. Sie haben sich mit exzellenten Spas und qualifizierten Mitarbeitern ganz dem Wohlergehen ihrer Gäste verschrieben.

Schon gewusst?

Das Vitamin E im Olivenöl schützt vor freien Radikalen und hält die Haut elastisch.

Massagen

Professionelle Massagen gehören zum Grundangebot von Wellness-Hotels. Hierbei kommt auch das kretische Olivenöl mit seinen hautfreundlichen Wirkstoffen zum Einsatz. Häufig wird es mit heimischen Heilkräutern versetzt.

Top 5 Wellnesshotels

★ Aquila Elounda Village, Elounda
★ TUI MAGIC LIFE Candia Maris, Iraklio
★ Daios Cove, Agios Nikolaos
★ Ikaros Beach Luxury Resort & Spa, Malia
★ Amirandes Grecotel Boutique Resort, Kato Gouves

Wellness

Für viele bedeutet Erholung auch Wellness – ein ganzheitliches Wohlbefinden, das Körper und Psyche umfasst. Mit vitalisierenden und entspannenden Wellness-Angeboten ist Kreta ein exzellentes Reiseziel, um Stress abzubauen und Energie zu tanken.

Wellnesshotels

Mehrere Luxushotels auf Kreta verfügen über ausgezeichnete Spas. Die Bandbreite der hervorragenden Wellness-Angebote reicht von Massagen über kosmetische Behandlungen und Thalasso-Kuren bis hin zu Fitnessprogrammen mit Personal Trainer.

Entschleunigung

Der Hektik des Alltags entkommen und in der Ruhe wieder zu sich selbst finden – einige Hotels bieten zu diesem Zweck Suiten mit Privatpools oder Himmelbetten ähnelnde Liegen am Strand an.

Top 3 Yoga-Retreats

★ Yoga Rocks, Agios Pavlos
★ Yoga On Crete, Chora Sfakion
★ Iremia, Lendas

Thalasso-Therapie

In Kretas reiner Luft entfalten die Heilkräfte von Meerwasser, Meeresklima und Algen ihre ganze Wirkung. Die Behandlungen versorgen den Körper mit Mineralstoffen und Spurenelementen. Sie wirken stressabbauend und beugen vielen Leiden vor.

Yoga

An der Südküste Kretas kann man seit Langem Yoga-Ferien machen. Viele schätzen die Ruhe und Abgeschiedenheit der Zentren in der Region. Mittlerweile kann man auch in großen Hotels an Yoga- und Pilates-Kursen teilnehmen. An der Nordküste bieten Veranstalter SUP-Yoga an.

Shopping

Endlich Zeit, um in aller Ruhe zu flanieren, sich ohne Hast jedes Schaufenster anzusehen, mit Begeisterung in Läden zu stöbern und auf Märkten mit Muße ein sinnliches Gesamtkunstwerk aus Aromen, Farben und Formen in sich aufzunehmen – Urlaubszeit ist selbstverständlich (auch) Shopping-Zeit.

Hübsche Ledersandalen oder bunte Webdecken? Schöner Schmuck oder hochwertige Reproduktionen von antiken Artefakten? Hübsche Töpferwaren oder Utensilien aus Olivenholz? Inseltypische Souvenirs gibt es für jeden Geschmack. Was man auf Kreta auch ersteht, zu Hause wird es immer an die heitere Ferienstimmung erinnern.

Die Erinnerung an schöne Stunden auf der sonnenverwöhnten Insel lässt sich außerdem hervorragend durch den Genuss kretischer Delikatessen heraufbeschwören: Ob goldenes Olivenöl oder herb-süßer Honig, ob Tees oder Kräuter, ob Rotwein oder Tsikoudia – die auf Kreta produzierten Köstlichkeiten sind wunderbare Souvenirs.

Souvenirs

Oliven, Produkte mit Olivenöl sowie aus Olivenholz gefertigte Gebrauchsgegenstände sind bei Kreta-Urlaubern überaus gefragt. Auch Honig wird sehr gerne gekauft. Ikonen, Keramiken und Schmuck, ob modern oder nach antiken Vorbildern gestaltet, sind ebenfalls beliebte Souvenirs. In den Museumsshops in Knossos und Rethymno sind hochwertige Reproduktionen antiker Artefakte erhältlich. Schöne, authentische Souvenirs findet man vor allem in Chania, Agios Nikolaos und Rethymno sowie in den für die Herstellung von Keramiken bekannten Dörfern Margarites und Thrapsano.

Keramik

Töpferwaren sind auf Kreta vor allem in den Städten erhältlich. Traditionelle Keramiken kann man in den Dörfern Thrapsano *(siehe S. 112)* und Margarites *(siehe S. 154)* erstehen. Dort gibt es auch Pithoi (große Vorratsgefäße) zu kaufen, wie sie in den minoischen Palästen gefunden wurden.

Bunte Tassen und Deko-Obst aus Keramik in einem Laden in Chania

Ikonen

Alte Ikonen dürfen aus Griechenland nur mit einer speziellen Genehmigung ausgeführt werden. Reproduktionen und neue hochwertige Ikonen bieten u. a. Ateliers in den Altstädten von Iraklio und Rethymno. Der Tradition entsprechend werden auch neu gefertigte Ikonen von einem Priester geweiht.

Patriarch Konstantin   *Ikone mit Heiligen*

Olivenöl

Olivenöl, sei es pur oder in Kosmetika verarbeitet, bietet sich als Souvenir an. Hochwertiges Öl erhält man in Bio-Läden und direkt bei den Produzenten. Oft kann man es sich nach Hause schicken lassen, im Fluggepäck führen Olivenölkanister schnell zu Übergepäck.

Olivenöl

Holzwaren

Beim Beschneiden alter Bäume, die weiterhin Oliven tragen, fällt Holz an, das nach langer Lagerzeit zu Kunsthandwerksprodukten verarbeitet wird. Zur Pflege reibt man die wunderschönen Objekte mit Olivenöl ein.

Aus Olivenholz gefertigte Tavli-Spiele

Schmuck

Viele Juwelierläden fertigen hochwertigen Schmuck nach minoischen Vorbildern. Wer für seine Antikenbegeisterung lieber weniger Geld ausgeben möchte, findet aber auch ausreichend Modeschmuck mit berühmten Motiven. Weitere beliebte Souvenirs sind die *komboloi* genannten Perlenketten.

Perlenketten an einem Marktstand

Komboloi

Die kleinen Perlenketten werden traditionell von Männern verwendet. Sie werden geschickt um die Finger gewickelt und hin und her geworfen – zum Zeitvertreib, aber auch als »Meditationshilfe« zum Nachdenken und zum Stressabbau.

Strandausstattung

In allen Urlaubsorten findet man Hüte und Brillen, Strandtücher und -taschen, Sandspielzeug sowie Flossen und Schnorchel für Unterwasserabenteuer. Diese Utensilien halten zu Hause die Erinnerung an den Urlaub wach.

Strohhut

Schon gewusst?

In *mpriki*, kleinen Kupferkännchen mit langem Griff, wird Griechischer Mokka zubereitet.

Naturschwämme

Naturschwämme werden von den kretischen Fischern in großen Mengen aus dem Mittelmeer an Land gebracht. Sie werden auf der ganzen Insel in verschiedensten Größen auf Märkten und in Läden angeboten. Die leicht transportierbaren Schwämme sind beliebte Souvenirs – und bieten Wellness im Alltag. Die hypoallergenen Naturschwämme sorgen durch sanftes Peeling für glatte Haut.

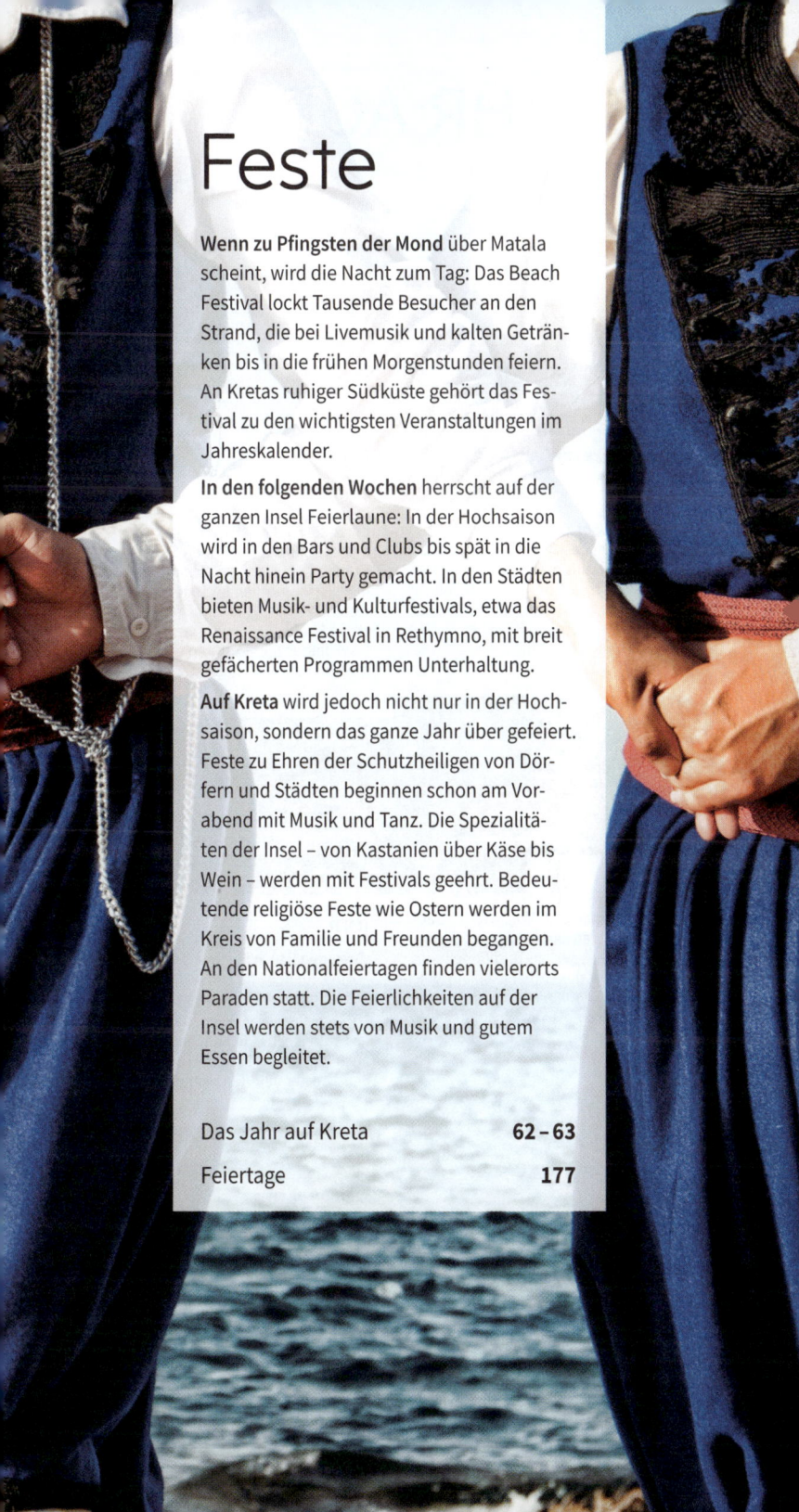

Feste

Wenn zu Pfingsten der Mond über Matala scheint, wird die Nacht zum Tag: Das Beach Festival lockt Tausende Besucher an den Strand, die bei Livemusik und kalten Getränken bis in die frühen Morgenstunden feiern. An Kretas ruhiger Südküste gehört das Festival zu den wichtigsten Veranstaltungen im Jahreskalender.

In den folgenden Wochen herrscht auf der ganzen Insel Feierlaune: In der Hochsaison wird in den Bars und Clubs bis spät in die Nacht hinein Party gemacht. In den Städten bieten Musik- und Kulturfestivals, etwa das Renaissance Festival in Rethymno, mit breit gefächerten Programmen Unterhaltung.

Auf Kreta wird jedoch nicht nur in der Hochsaison, sondern das ganze Jahr über gefeiert. Feste zu Ehren der Schutzheiligen von Dörfern und Städten beginnen schon am Vorabend mit Musik und Tanz. Die Spezialitäten der Insel – von Kastanien über Käse bis Wein – werden mit Festivals geehrt. Bedeutende religiöse Feste wie Ostern werden im Kreis von Familie und Freunden begangen. An den Nationalfeiertagen finden vielerorts Paraden statt. Die Feierlichkeiten auf der Insel werden stets von Musik und gutem Essen begleitet.

DAS JAHR AUF
KRETA

Januar

△ **Theofania** *(6. Jan)*. Die griechisch-orthodoxe Kirche begeht das Fest der Taufe Jesu. An Küsten und Flussufern wird das Wasser gesegnet. Vielerorts tauchen junge Männer nach Kreuzen, die von Geistlichen ins Wasser geworfen wurden – dem erfolgreichen Taucher winkt ein Jahr voller Glück.

Februar

△ **Apokries** *(Feb und März)*. Der Karneval wird in Griechenland in den drei Wochen vor Beginn der Fastenzeit gefeiert. Am *Tsiknopempti* (»rauchiger Donnerstag«) finden Grillfeste statt. Der Rosenmontag (*Kathari Deftera*; »sauberer Montag«) ist in Griechenland ein Feiertag. Auf Kreta werden in Iraklio Karnevalsumzüge veranstaltet. In Rethymno, der Karnevalshochburg der Insel, finden die gesamten drei Wochen lang Kostümfeste und Paraden statt.

Mai

△ **Ergatiki Protomagia** *(1. Mai)*. Der Tag der Arbeit ist wie in vielen Ländern in Griechenland ein nationaler Feiertag. Traditionell wird an diesem Tag auch der Frühlingsanfang gefeiert – mit Blumensammeln und -binden sowie mit Picknicks im Freien. In Iraklio findet eine Blumenschau statt.

Juni

△ **Matala Beach Festival** *(variierende Daten)*. Matala. An den Pfingstfeiertagen *(Pentikosti)* geben Bands am Strand von Matala Konzerte.
Sommerfestival Iraklio *(Juli – Sep)*. Iraklio. An zahlreichen Orten im Stadtgebiet, darunter auch Plätze und Gebäude in der Altstadt, finden Theater- und Tanzaufführungen statt.

September

Renaissance Festival *(Aug / Sep)*. Rethymno. Das Renaissance-Erbe der Stadt wird mit Konzerten und Ausstellungen gefeiert.
△ **Sardinenfestival** *(Anfang Sep)*. Chania. In Nea Chora werden von der Stadt kostenlos gegrillte Sardinen angeboten. Das Festival wird von Musik und Tanz begleitet.

Oktober

△ **Ochi-Tag** *(28. Okt)*. Der nationale Feiertag erinnert an die Ablehnung des von Benito Mussolini im Zweiten Weltkrieg gestellten Ultimatums, das Griechenland um seine Neutralität gebracht hätte. Es finden Paraden statt.

März

△ **Unabhängigkeitstag** *(25. März)*. Der Nationalfeiertag erinnert an den Beginn des Freiheitskampfs 1821, der zum Ende der osmanischen Herrschaft und zur Unabhängigkeit Griechenlands führte.

Evangelismos *(25. März)*. Der kirchliche Feiertag der Verkündigung des Herrn fällt mit dem Unabhängigkeitstag zusammen.

April

△ **Pascha** *(Apr / Mai)*. Ostern ist das wichtigste Fest im griechisch-orthodoxen Jahr. In der Karwoche wird Osterbrot *(tsoureki)* gebacken, als Symbol für die Erneuerung des Lebens werden Eier rot gefärbt. Am Karfreitag wird Christi Grablegung in Prozessionen nachvollzogen. In der Nacht zum Ostersonntag empfangen die Gläubigen in der Kirche das Osterlicht. Nach dem Gottesdienst finden Feuerwerke statt, und man isst die Suppe *magiritsa* mit Innereien des Lamms, das am Ostersonntag als Festbraten gegrillt wird.

Juli

△ **Cretan Diet Festival** *(Juli)*. Rethymno. Fest mit Spezialitäten und Unterhaltung.

Kultursommer *(Juli – Sep)*. Chania. Festival mit Musik- und Theateraufführungen.

Lato *(Juli / Aug)*. Agios Nikolaos. Kulturfestival mit Musik, Tanz, Theater, Ausstellungen.

Kornaria *(Juli / Aug)*. Sitia. Kulturfestival.

August

△ **Schäferfest** *(Mitte Aug)*. Auf der Katharo-Hochebene wird der Käse *myzithra* verkostet. Außerdem treten Lyra-Spieler auf.

Mariä Himmelfahrt *(15. Aug)*. An dem hohen orthodoxen Feiertag *(Koimisis tis Theotokou)* finden Prozessionen statt.

Agios-Titos-Fest *(25. Aug)*. In Iraklio werden Ikonen und Reliquien des Schutzheiligen der Stadt durch die Straßen getragen.

November

△ **Kastanienfest** *(Anfang Nov)*. Elos. In dem Dorf wird die Kastanienernte mit Musik, Tanz und Speisen aus Kastanien gefeiert.

Arkadiou *(7.– 9. Nov)*. Das Fest erinnert an die Verteidiger des Moni Arkadiou, die 1866 die osmanischen Belagerer und sich selbst in die Luft sprengten, anstatt sich zu ergeben.

Dezember

Weihnachten *(25. / 26. Dez)*. Weihnachten wird im Kreis der Familie mit einem Festschmaus gefeiert.

△ **Silvester** *(31. Dez)*. In der Silvesternacht bringt der heilige Vassilios Geschenke. Wer im Neujahrskuchen *vassilopita* die eingebackene Münze findet, hat Glück im nächsten Jahr.

Karyatiden

Antike

Ein grausames Wesen, halb Mensch, halb
Stier, ein verhängnisvolles Labyrinth, Heilig-
tümer auf Berggipfeln und in Höhlen, eine
bis heute nicht entzifferte Schrift – die Minoer
haben viele Rätsel hinterlassen. Die Mythologie bezeugt den großen Einfluss dieser Kultur auf die Welt der griechischen Antike. Auf
Kreta, so heißt es, wurde Zeus geboren und
dessen Sohn Minos herrschte als mächtiger
König über das östliche Mittelmeer.

Die minoische Kultur fasziniert auch aufgrund der Kunstwerke, die sie hinterließ:
Fresken, Schmuck, Skulpturen und Keramiken, die als Vorläufer der klassischen griechischen Vasenkunst Bemalungen aufwiesen.

Nach dem Untergang der minoischen Kultur
siedelten sich auf Kreta zunehmend Griechen
vom Festland an. Von den griechischen und
den späteren römischen Tempeln und Städten ist auf der Insel wenig verblieben. Mit
dem in dorischer Schrift verfassten Stadtrecht von Gortys ist jedoch einer der ältesten
Gesetzestexte Europas erhalten.

Götter, Göttinnen und Helden

Die Ursprünge der griechischen Mythologie liegen teils auf Kreta. Die Geschichten sind seit ihrer Niederschrift in der Archaischen Periode (800 – 500 v. Chr.) fester Bestandteil der abendländischen Literatur. Sie erzählen die Schöpfungsgeschichte, von Göttern und Sterblichen des »Goldenen Zeitalters«, von Theseus, Herakles und anderen Helden. Die Götter und Göttinnen haben menschliche Begierden und Schwächen und gehören zu einer Familie mit Zeus als Oberhaupt. Dessen viele Kinder spielen alle in der mythischen Welt eine Rolle.

12

Hauptgötter und -göttinnen gibt es in der griechischen Mythologie.

Eris war die Göttin der Zwietracht.

Zeus herrschte vom Olymp aus über alle Götter und Sterblichen. Einer seiner Söhne war König Minos von Kreta.

Klymene war eine Tochter von Okeanos, dem Vater aller Flüsse. Ihr Sohn Prometheus erschuf den Menschen.

Poseidon

Der Gott des Meeres war ein Bruder des Zeus. Als Symbol seiner Macht galt der Dreizack. König Minos bat Poseidon um einen Stier als Anerkennung seiner Macht. Als Minos die Übereinkunft brach, das Tier Poseidon zu opfern, ließ Poseidon Pasiphae, Minos' Frau, in Liebe zu dem Stier entbrennen. Pasiphae gebar den menschenfressenden Minotaurus *(siehe S. 106)*.

Hera war die Gattin und Schwester von Zeus.

Athene, die Göttin der Weisheit, entsprang Zeus' Haupt.

Der trojanische Prinz **Paris** sollte der schönsten von drei Göttinnen einen goldenen Apfel überreichen.

Weitere griechische Götter

Dionysos, der Gott des Weins und der Fruchtbarkeit, entsprang Zeus' Schenkel. Auf dieser bemalten Schale (6. Jh. v. Chr.) ruht er in einem Schiff, dessen Mast ein Rebstock ist. Dionysos vermählte sich mit Ariadne, der Tochter von König Minos.

Apollon, Sohn des Zeus und Zwillingsbruder von Artemis, war der Gott der Heilkunst, der Sühne und der Musik. Er verkörperte das griechische Schönheitsideal.

Zeus' Tochter **Artemis** war die Göttin der Jagd und Zwillingsschwester des Apollon. Sie wird dargestellt mit Pfeil und Bogen, Jagdhunden und Nymphen. Möglicherweise geht sie auf eine kretische Berggöttin (Britomartis) zurück.

Göttlicher Streit

Die auf der Vase dargestellte Szene spielt am Berg Ida. Als Athene, Hera und Aphrodite darum stritten, welche von ihnen die Schönste sei, ließ Zeus Paris entscheiden. Paris wählte Aphrodite. Sein Lohn war die Liebe der Helena. Paris raubte sie ihrem Gemahl, Menelaos von Sparta, und löste dadurch den Trojanischen Krieg aus.

Das **Glück** in Gestalt zweier Göttinnen begrüßt den Sieger mit goldenen Lorbeerblättern.

Der Sonnengott **Helios** lenkte täglich seinen mit vier Feuer speienden Rossen bespannten Wagen über den Himmel.

Aphrodite, die Göttin der Liebe, hier abgebildet mit ihrem Sohn Eros, wurde aus dem Schaum des Meers geboren.

Hermes war der Götterbote.

→

Hades und Persephone herrschten über das Totenreich, die Unterwelt. Persephone, die Tochter von Demeter, der Göttin der Fruchtbarkeit der Erde, wurde von Hades entführt und musste vier Monate im Jahr in der Unterwelt verbringen.

Die Taten des Herakles

Herakles, Sohn des Zeus und der Sterblichen Alkmene, musste »Zwölf Arbeiten« ausführen, um Unsterblichkeit zu erlangen – als siebte Arbeit bändigte er den Kretischen Stier. Einem anderen Mythos zufolge kam er aus Kreta nach Griechenland und begründete die ersten Olympischen Spiele.

Die erste Arbeit war die Tötung des **Nemeischen Löwen**. Da der Löwe unverwundbar war, gelang es Herakles nicht, ihn mit seinen Pfeilen zu töten. Also lockte er ihn in eine Falle und erwürgte ihn.

Die zweite Arbeit war die Tötung der **Lernäischen Hydra**. Sobald Herakles der riesigen Schlange einen ihrer neun Köpfe abschlug, wuchsen ihr zwei nach. Er bewältigte die Aufgabe mit Athenes Hilfe.

Der **Erymanthische Eber** wütete am Berg Erymanthos. Herakles' vierte Arbeit bestand darin, ihn einzufangen. Er überbrachte ihn lebend König Eurystheus.

Als sechste Arbeit musste Herakles die menschenfressenden **Stymphaliden** vom See Stymphalia vertreiben. Er tötete die Ungeheuer mit den eisernen Schnäbeln und Krallen mithilfe einer Steinschleuder (oder mit Pfeil und Bogen).

Tempelarchitektur

Die bedeutendsten Gebäude im antiken Griechenland waren Tempel. Die frühesten (9./8. Jh. v. Chr.) waren kleine Gebäude aus Holz und Lehmziegeln. Ab dem 6. Jahrhundert v. Chr. entstanden monumentale Bauwerke aus Stein und Marmor. Auf Kreta sind wenige Bauten aus klassischer Zeit erhalten. Relikte von Tempeln gibt es u. a. in Gortys, Eleutherna und Oaxos.

Das **Kultbild**, eine Statue, zeigte die Gottheit, welcher der Tempel geweiht war.

Tempelbau

Die Zeichnung illustriert Aufbau und Funktion eines idealtypischen dorischen Tempels.

Die **Cella**, der Hauptraum, der das Kultbild beherbergte, war für die Öffentlichkeit nicht zugänglich.

Das **Tympanon** (Giebelfeld) enthielt meist Skulpturen.

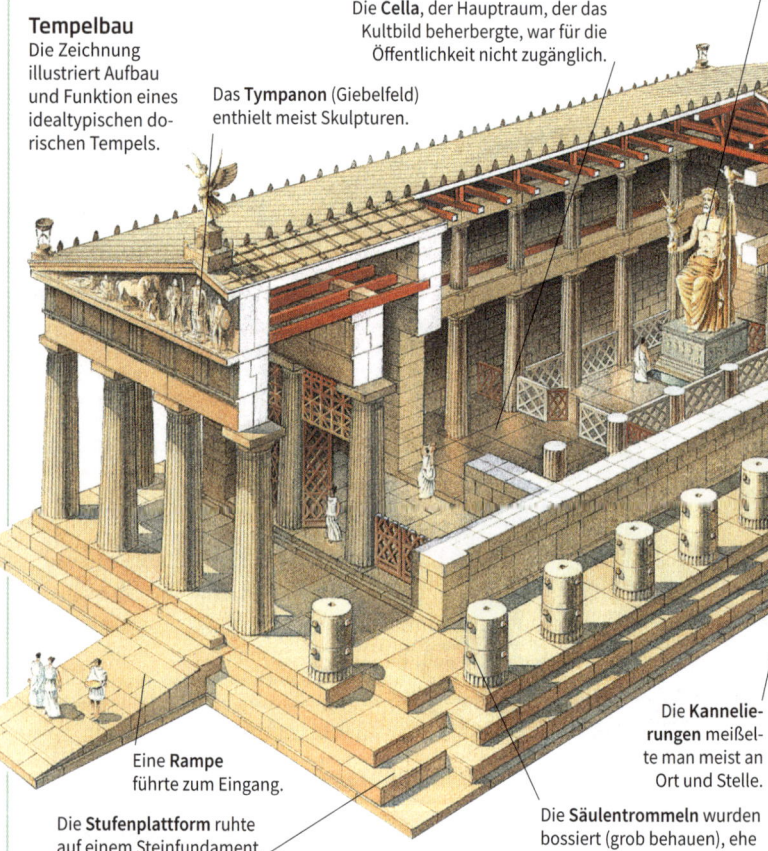

Die **Kannelierungen** meißelte man meist an Ort und Stelle.

Eine **Rampe** führte zum Eingang.

Die **Stufenplattform** ruhte auf einem Steinfundament.

Die **Säulentrommeln** wurden bossiert (grob behauen), ehe man sie platzierte.

Chronik

700 v. Chr.
Erster Poseidon-Tempel, Isthmia (archaisch), und erster Apollon-Tempel, Korinth (archaisch)

550
Zweiter Apollon-Tempel, Korinth (dorisch)

520
Tempel des Olympischen Zeus, Athen (begonnen dorisch, vollendet korinthisch im 2. Jh. n. Chr.)

6. Jh.
Artemis-Tempel, Brauron (dorisch)

440–430
Poseidon-Tempel, Sounio (dorisch)

460
Zeus-Tempel, Olympia (dorisch)

4. Jh.
Apollon-Tempel, Delphi (dorisch); Tempel der Athena Alea, Tegea (dorisch mit erstem korinthischen Kapitell)

7. Jh.
Hera-Tempel, Olympia (dorisch)

447–405
Tempel der Akropolis, Athen: Athena Nike und Erechtheion (ionisch), Parthenon (dorisch)

445–425
Apollon-Tempel, Bassae (dorisch und ionisch)

Die **Stirnseiten** krönten Akroterien (Statuen) – hier die geflügelte Siegesgöttin Nike. Obere Tempelbestandteile sind kaum erhalten.

Das mit Tonziegeln gedeckte **Dach** ruhte auf Holzbalken.

Metallklammern und -dübel hielten die zusammengefügten **Steinblöcke**. Mörtel wurde nicht verwendet.

Der **Grundriss** entsprach dem mykenischen Megaron, einem rechteckigen Einraum mit Säulenvorhalle.

Entwicklung der Tempelarchitektur

Die drei Stilrichtungen entstanden nacheinander. Sie sind am besten an den Säulenkapitellen zu erkennen.

Dorische Tempel waren von kräftigen Säulen mit schlichten Kapitellen ohne Basis umgeben. Die ersten Steinbauten erinnern an die aus Holz errichteten Vorgänger.

Dreieckiges Giebelfeld mit Figurenschmuck

Guttae imitierten die Befestigungszapfen der Dachbalken.

Der **Fries** zeigte Triglyphen und Metopen.

Dorisches Kapitell

Ionische Tempel besaßen mehr und anders geformte Säulen als dorische Tempel. Typisch für das Kapitell sind die paarweisen, Widderhörnern ähnelnden Voluten.

Der ionische **Fries** war durchlaufend skulptiert.

Der **Architrav** war in abgetreppte Reihen unterteilt.

Die **Akroterien** glichen persischer Ornamentik.

Den **Fries** zierten Skulpturen.

Ionisches Kapitell

Korinthische Tempel wurden unter den Römern erbaut, und zwar nur in Athen. Schlanke Säulen und hohe Kapitelle mit kunstvollem Akanthusrelief sind ihre Merkmale.

Akroterion in Gestalt eines Greifs

Der Eingang zur **Cella** lag auf der Ostseite.

Zum **Gebälk** gehörten Architrav, Fries, Kranzgesims.

Das **Tympanon** war mit verschiedenen Formen verziert.

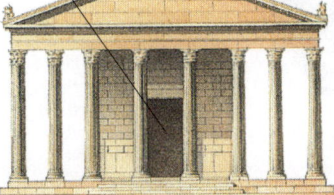

Korinthisches Kapitell

Vasen und Vasenmalerei

Die Kunst der griechischen Vasenmalerei reicht von etwa 1000 v. Chr. bis in die hellenistische Zeit. Zuvor produzierten die Minoer in der Alten Palastzeit (2000 – 1700 v. Chr.) dünnwandige Gefäße, die rot und weiß auf schwarzem Grund bemalt waren, Schnabelkannen und riesige Pithoi, wie sie in Knossos *(siehe S. 98 – 105)* gefunden wurden. Die klassische griechische schwarz- und rotfigurige Keramik erblühte ab dem 6. Jahrhundert v. Chr. Die Feier des Symposion ließ verschiedene Trinkgefäße entstehen – bei den überwiegend von Männern besuchten Trinkgelagen wurde gern *kottabos* gespielt: Man versuchte, die Neige aus einem Trinkgefäß in ein Ziel (ein Becken oder eine Schale) zu schleudern.

Oktopus-Vase
Die schöne spätminoische Vase aus Palekastro (um 1500 v. Chr.) ist mit Meeresmotiven verziert. Sie befindet sich im Archäologischen Museum in Iraklio *(siehe S. 92f).*

Das **geometrische Muster** ist eine Urform des späteren Mäander-Ornaments.

Trauergäste tragen den Leichnam auf einer Bahre.

Geometrischer Stil
Der geometrische Stil ist der älteste Stil (ca. 1000 – 700 v. Chr.), mit geometrischen Ornamenten und figürlichen Darstellungen. Diese über einen Meter hohe Vase (8. Jh. v. Chr.) stand auf einem Grab. Die Bemalung zeigt eine Totenbahre und Bestattungsriten für einen Mann.

Entwicklung der Malerei
Die Vasenmalerei erreichte ihren Höhepunkt im Athen des 6. und 5. Jahrhunderts v. Chr. Die Töpfer überließen das Verzieren der gebrannten Gefäße meist Malern. Archäologen konnten viele Meister des rot- und schwarzfigurigen Stils identifizieren. Der schwarzfigurige Stil entstand um 630 v. Chr. in Athen. Die Figuren wurden mit flüssigem schwarzem Ton auf den eisenhaltigen Ton der Vase aufgetragen, der sich beim Brennen orangerot färbte. Neben dem schwarz- und rotfigurigen Stil entstand die Sonderform der weißgrundigen Vasenmalerei.

Schon gewusst?

Dem Augenbecher, der bei Festen herumgereicht wurde, sprach man magische Kräfte zu.

↑ *In Knossos und an anderen minoischen Stätten wurden zahlreiche Pithoi entdeckt. Die großen vasenförmigen Behälter dienten als Vorratsgefäße.*

Rhyton
Der Rhyton (hier in Form eines Widderkopfs) war ein trinkhornartiges Gefäß für mit Wasser verdünnten Wein.

Krieger und Streitwagen bilden den Trauerzug.

Rotfiguriger Stil
Der rotfigurige Stil kam um 530 v. Chr. auf. Die Figuren wurden im roten Ton ausgespart, die Umgebung mit schwarzem Firnis bedeckt.

Vasenformen
Griechische Vasen waren nahezu ausschließlich Gebrauchsgegenstände, die Formen waren der Funktion angepasst. Attische Töpfer kannten etwa 20 Gefäßformen. Im Folgenden sind einige der gebräuchlichsten Vasen und ihre Verwendungszwecke dargestellt.

Die *amphora*, ein bauchiger Krug mit zwei Henkeln, diente zur Aufbewahrung von Wein, Olivenöl und Lebensmitteln wie Oliven oder Trockenfrüchten.

Im *krater*, einem Krug mit weiter Öffnung und Henkeln (hier als »Voluten« eingerollt), mischte man Wasser und Wein.

Mit der *hydria* holte man Wasser. Sie besaß zwei horizontale Henkel zum Heben und einen vertikalen Henkel zum Gießen.

Der drei Zentimeter bis fast einen Meter hohe *lekythos* diente als Speiseöl-Behälter oder wurde als Salbgefäß ins Grab gelegt.

Die *oinochoe*, der gewöhnliche Weinkrug, hatte einen runden oder dreilappigen Ausguss und einen Henkel.

Die *kylix*, eine flache Trinkschale mit zwei Henkeln, war oft auch innen verziert.

KURZE
GESCHICHTE

Minoische Paläste, griechisch-römische Städte, byzantinische Kirchen, venezianische Festungen und osmanische Moscheen bezeugen Kretas wechselvolle Geschichte. Seit 1913 gehört die Insel zu Griechenland, das 1830 unabhängig wurde. Sie zählt zu den beliebtesten Urlaubszielen in Europa.

Antikes Kreta

Vermutlich tragen Einwanderer aus Kleinasien, die die Metallverarbeitung auf Kreta einführen, ab etwa 3000 v. Chr. zur Entwicklung der minoischen Kultur bei. Ab ca. 2000 v. Chr. entstehen u. a. in Knossos und Phaestos Paläste, die durch Erdbeben zerstört und wieder aufgebaut werden. Ab ca. 1450 v. Chr. wandern Mykener, später Dorer auf Kreta ein. Das dorische Gortys dominiert vom 6. bis 2. Jahrhundert v. Chr. Südkreta. Die Römer, die Kreta 69 bis 67 v. Chr. erobern, machen Gortys zu ihrer Hauptstadt. Im Jahr 59 hält sich der Apostel Paulus in Gortys auf, sein Begleiter Titos wird der erste Bischof von Kreta.

1300
Räume umfasste der minoische Palast von Knossos.

Chronik

um 3000 v. Chr.
Minoische Kultur

um 2000 v. Chr.
Erster Palast in Knossos

um 1450 v. Chr.
Knossos und Phaestos werden durch ein Erdbeben oder eine Flutwelle zerstört

6. – 2. Jh. v. Chr.
Gortys dominiert Südkreta

67 v. Chr.
Kreta wird zur römischen Provinz

Diskos von Phaestos

3

4

Byzantinisches Reich

Bei der Aufteilung des Römischen Reichs im Jahr 395 fällt Kreta an das Byzantinische Reich (Ostrom). Auf der Insel entstehen erste große christliche Gemeinden und Kirchen, wie Agios Titos in Gortys, das Provinzhauptstadt bleibt. 824 erobern Sarazenen aus al-Andalus die Insel und gründen das Emirat Kreta. Als Byzanz die Insel 961 zurückgewinnt, erlebt sie eine wirtschaftliche Blütezeit. Durch die Kirchenspaltung 1054 wird Kreta orthodox.

Venezianische Herrschaft

Nach dem Vierten Kreuzzug (1202–1204) und der Plünderung Konstantinopels 1204 erwirbt die Republik Venedig Kreta. Während der venezianischen Herrschaft, dem »Regno di Candia«, wird Kreta zur wichtigsten Kolonie der Republik, deren Statthalter in Candia (Iraklio) regiert. Zahlreiche Festungen entstehen – auch zum Schutz gegen Seeräuber. Mehrere Tausend Venezianer ziehen nach Kreta und übernehmen Feudalgüter. Die Bevölkerung muss hohe Abgaben zahlen und versucht vergeblich, sich in Aufständen dagegen zu wehren.

1 *Karte von Kreta aus dem Jahr 1670* ↑

2 *Sarazenische Schiffe auf dem Weg nach Kreta, Miniatur (13. Jh.)*

3 *Fresko des »Lilienprinzen« aus Knossos*

4 *Sultan Mehmed IV. (1642–1693)*

824
Sarazenen gründen das Emirat Kreta

ab 961
Zweite byzantinische Ära

1218–1669
Kreta ist eine Kolonie der Republik Venedig (»Regno di Candia«)

ab 395
Kreta gehört zum Byzantinischen Reich, das Christentum breitet sich aus

Byzantinisches Fresko, Detail

1669–1897
Während der osmanischen Herrschaft treten einige Kreter zum Islam über

Osmanische Herrschaft

Nach der osmanischen Eroberung Konstantinopels 1453 fliehen viele Griechen vom Festland nach Kreta. 1645 landen osmanische Truppen bei Canea (Chania) und nehmen die Insel ein. Candia (Iraklio) fällt allerdings erst nach 21-jähriger Belagerung. Vor allem in den Städten tritt ein Teil der Bevölkerung zum Islam über. 1770 wird ein von Daskalogiannis geführter Aufstand gegen die osmanischen Herrscher niedergeschlagen.

Revolution und Autonomie

Griechenland wird nach der Revolution (1821–1829) unabhängig, Otto von Bayern 1832 erster König. Kreta bleibt beim Osmanischen Reich. Aufstände führen u. a. 1866 zu Hunderten Toten im Moni Arkadiou sowie zum Türkisch-Griechischen Krieg von 1897, den Griechenland verliert. Nach Einschreiten der Großmächte Großbritannien, Frankreich, Italien und Russland wird Kreta teilsouverän. 1913 erfolgt die Vereinigung mit Griechenland. Nach der Niederlage des Osmanischen Reichs im Ersten Weltkrieg verlassen über 50 000 Muslime Kreta, dafür wandern aus Kleinasien vertriebene Griechen ein.

Sakrale Kunst

Im 16. und 17. Jahrhundert führten Maler der Kretischen Schule, wie Michail Damaskenos, Elemente der italienischen Renaissance in die byzantinische Ikonenmalerei ein, die damit an Ausdruckskraft gewann. El Greco *(siehe S. 90)*, der berühmteste Maler, den die Kretische Schule hervorbrachte, ließ den byzantinischen Stil in seiner späteren Laufbahn weit hinter sich.

Chronik

1821–1829

Griechische Revolution; Gründung der unabhängigen Republik Griechenland

1897

Türkisch-Griechischer Krieg endet mit der Niederlage Griechenlands

1898–1913

Kreta ist als internationales Protektorat quasi autonom

Türkisch-Griechischer Krieg

1923

Vertrag von Lausanne: Muslime verlassen Kreta, im Gegenzug kommen Griechen aus Kleinasien

1913

Kreta wird im Londoner Vertrag Griechenland zugesprochen

3 4

Krieg und Militärdiktatur

Im Zweiten Weltkrieg wird Kreta von 1941 bis 1944 von deutschen und bis 1943 von italienischen Truppen besetzt. Gegen die Bevölkerung werden Kriegsverbrechen begangen. Von 1946 bis 1949 herrscht in Griechenland ein Bürgerkrieg zwischen der linken griechischen Volksfront sowie Konservativen und Monarchisten, den das Militär gewinnt. 1952 wird Griechenland in die NATO aufgenommen. 1967 errichtet das griechische Militär nach einem Putsch eine Diktatur, die bis 1974 währt. Bei Wiedereinführung der Demokratie stimmen 90 Prozent der Kreter 1975 für die Republik und gegen die Monarchie.

Kreta heute

1981 tritt Griechenland der Europäischen Wirtschaftsgemeinschaft (EWG) bei. Ab 2010 zieht die griechische Staatsschuldenkrise ein Jahrzehnt sozialer Unruhen nach sich. Die Stabilisierung wird durch die Covid-19-Pandemie erschwert. 2019 wird der aus einer kretischen Familie stammende Kyriakos Mitsotakis zum griechischen Ministerpräsidenten gewählt. 2021 zerstören zwei schwere Erdbeben viele Gebäude auf Kreta.

1 *Moni Arkadiou – das Kloster ist Symbol des kretischen Widerstands gegen die Osmanen*

2 *Denkmal in Amiras für die 440 Personen, die während des Zweiten Weltkriegs in dem Dorf ermordet wurden*

3 *Zerschossene Straßenschilder sind auf Kreta häufig zu sehen*

4 *Der Tourismus ist die wichtigste Säule der kretischen Wirtschaft*

1941–1945
Deutsche
Besetzung

1946–1949
Griechischer
Bürgerkrieg

1952
Griechenland
wird NATO-
Mitglied

1967–1974
Griechische
Militärdiktatur

1981
Beitritt zur EWG
(spätere EU)

2002
Einführung des Euro

2010
Beginn griechische
Staatsschuldenkrise

2019
Kyriakos Mitsotakis wird griechischer Ministerpräsident

Proteste im Vorfeld der griechischen Staatsschuldenkrise

Daten und Fakten

 Geografische Daten

Fläche: 8261 km² (größte griechische und fünftgrößte Insel im Mittelmeer), zusammen mit den umliegenden Inseln 8336 km²

Ausdehnung:
West – Ost 254 km, Nord – Süd 12 – 60 km

Naturräume: Gebirge von West nach Ost: Lefka Ori (»Weiße Berge«), Ida-Gebirge (Psiloritis-Massiv), Asterousia- und Dikti-Gebirge. Omalos-, Nida- und Lasithi-Hochebene, Messara-Tiefebene. Steilküste im Süden, Flachküste im Norden.

Höchste Berge: Psiloritis (Ida-Gebirge) 2456 m, Pachnes (Lefka Ori) 2453 m

Küstenlänge: 1066 km

Entfernung von Iraklio (Luftlinie)

Asien (Türkei)	290 km
Athen	320 km
Afrika (Libyen)	350 km
Wien	1600 km
München	1810 km
Zürich	1920 km
Berlin	2120 km

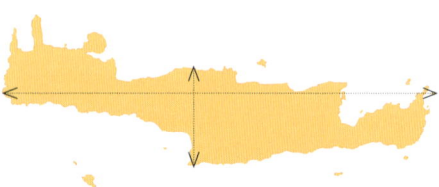

 Meere

Norden: Kretisches Meer
Süden: Libysches Meer
Osten: Karpathisches Meer

 Lage

34°55' bis 35°41' nördlicher Breite,
23°31' bis 26°18' östlicher Länge

🕐 **Zeitzone**

Osteuropäische Zeit (OEZ) bzw. Osteuropäische Sommerzeit (OESZ; Ende März – Ende Okt)

 Verwaltung

Flagge von Griechenland

Griechenland: Die Hellenische Republik *(Elliniki Dimokratia)* ist seit 1975 eine parlamentarische Demokratie mit dem Staatspräsidenten als Staatsoberhaupt. Der Regierung steht der Ministerpräsident vor. Das Parlament mit 300 Sitzen wird im Vierjahresrhythmus durch Wahlen besetzt.

Zusammen mit den umliegenden kleinen Inseln bildet Kreta eine der 13 Regionen *(periferia)* des Landes. Diese sind in Gemeinden *(dimos)* unterteilt. Die Regionen haben eine eigene Verwaltung und werden von einem Gouverneur und einem Regionalrat regiert.

Iraklio, die Hauptstadt der Region Kreta *(Periferia Kritis)*, größte Stadt aller griechischen Inseln und viertgrößte Stadt Griechenlands, ist ein bedeutendes Wirtschaftszentrum und Kretas wichtigster Verkehrsknotenpunkt.

👨‍👩‍👦 **Bevölkerung**

Einwohner: 636 500 (etwa so viel wie Stuttgart)
Bevölkerungsdichte: 77 Einwohner / km² (etwa ein Drittel der Bevölkerungsdichte Deutschlands)

Hauptstadt: Iraklio: 173 450 Einwohner (etwa so viele wie Saarbrücken)
Rund 27 % der Bevölkerung leben in Iraklio.

Weitere Städte:
Chania: 54 000 Einwohner
Rethymno: 34 000 Einwohner
Ierapetra: 16 000 Einwohner
Agios Nikolaos: 12 000 Einwohner

Sprachen und Schrift: Neugriechisch *(Nea Ellinika)*, die Amtssprache Griechenlands, gilt auch für Kreta. In Urlauberzentren wird zudem meist Deutsch und Englisch gesprochen, viele junge Kreter auf dem Land sprechen Englisch.
    Als Schrift wird das griechische Alphabet verwendet. Auf Verkehrsschildern stehen Ortsnamen auch in lateinischer Schrift.

📈 Wirtschaft

Beschäftigungsstruktur: Rund die Hälfte der Erwerbstätigen ist selbstständig beschäftigt. Die meisten sind im Dienstleistungs- und Tourismussektor tätig, der etwa 70 % des Bruttoinlandsprodukts (BIP) der Insel erwirtschaftet. Jeweils rund 15 % des BIP stammen aus Landwirtschaft und Industrie (v. a. Lebensmittel- und Bauindustrie).

Export: Kreta gehört zu den Hauptproduzenten von Oliven und Olivenöl in Griechenland, mehr als ein Drittel des griechischen Olivenöls stammt von der Insel. Exportiert werden zudem Wein, Gemüse und Obst (v. a. Trauben und Zitrusfrüchte).

Universitäten: Die Universität Kreta hat ihren Sitz in Iraklio und Rethymno, die Technische Universität Kreta in Chania.

Tourismus: Jährlich rund drei bis vier Millionen Urlauber. Die meisten Besucher kommen aus Deutschland, Großbritannien, Frankreich und Skandinavien.

✈ Verkehr

Flugverkehr: Der Flughafen Iraklio »Nikos Kazantzakis« ist mit jährlich rund acht Millionen Passagieren Griechenlands größter Airport nach dem Flughafen Athen-Eleftherios Venizelos. Der Flughafen Chania »Ioannis Daskalogiannis« rangiert mit rund drei Millionen Passagieren an fünfter Stelle in Griechenland. Der vorwiegend als Binnenflughafen dienende Airport Sitia wird teils auch von internationalen Linien angeflogen.

Kreuzfahrten: Iraklio und Chania (Souda) sind zwei führende Waren- und Passagierhäfen im östlichen Mittelmeer. In Bezug auf das Passagieraufkommen ist Iraklio nach Piräus Griechenlands wichtigster Hafen. Er wird pro Jahr von ca. 500 Kreuzfahrtschiffen bedient.

Straßenverkehr: E65 und E75, die 200 km lang von West (Kastelli Kissamou) nach Ost (Sitia) verlaufen, werden abschnittsweise zur Autobahn 90 ausgebaut. Von Nord nach Süd und entlang der zentralen Südküste führen einige gut ausgebaute Straßen.

Klima

Temperaturen

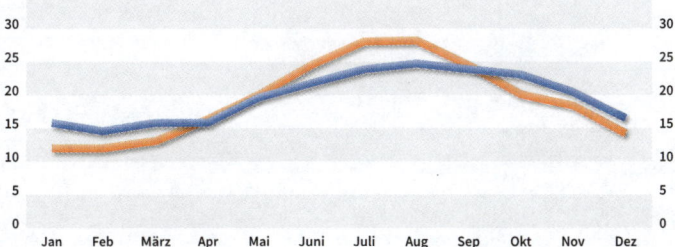

— Mittlere Tagestemperatur (mittags) in °C
— Mittlere Wassertemperatur in °C

Sonnenstunden und Regentage

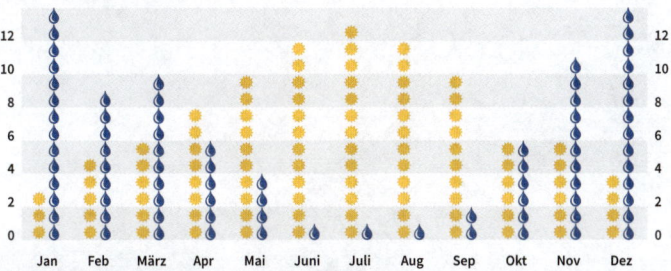

● Durchschnittliche tägliche Sonnenstunden
💧 Durchschnittliche Regentage pro Monat

KRETA
ERLEBEN

Olivenfelder in der Messara-Ebene

KRETA
AUF DER KARTE

Kreta liegt knapp 100 Kilometer vom griechischen Festland entfernt. Die mit 8261 Quadratkilometern größte griechische Insel ist 254 Kilometer lang und zwölf bis 60 Kilometer breit. Der höchste Berg ist der Psiloritis (2456 m). Kreta ist eine der 13 Regionen Griechenlands mit den Regionalbezirken Iraklio, Lasithi, Rethymno und Chania. Gut ein Viertel der 636 500 Kreter lebt in der Inselhauptstadt Iraklio.

Zur Orientierung

Kythira

Halbinsel/ Rodopou

Halbinsel Gramvousa

Kolimvari
Maleme/ Tavronitis
Halbinsel Akrotiri
Stavros
Moni Gouvernetou
Moni Agia Triada

Falasarna

Kastelli Kissamou
Chania
Souda
Kalami
Piräus
Piräus

Platanos

Topolia
Plataniani 899 m
Mournies
Alikianos
Vamos
Georgioupoli
Panormos
Bali

Vathi
Elos
Spina
Omalos-Hochebene
Omalos
Rethymno
Perama

Kandanos
Samaria
Lefka Ori
Kournas
Armeni
Amnatos
Margarites

Sklavopoula
Sougia
Samaria-Schlucht
Angathes 1511 m
Moni Arkadiou
Anog

Elafonisi

Paleochora
Anidri
Agia Roumeli
Loutro
Chora Sfakion
Frango-kastello
Plakias
Preveli
Amari
Psiloritis 2456 m

Amari-Tal
Kamares

Agios Pavlos
Agia Galini

Mittelmeer (Libysches Meer)
Timbaki
Phaestos

Paximadia
Matala

Lithino
Kali Lime

Gavdos

0 Kilometer   10

N

Kreta, fotografiert am 22. Juli 2011 von der ISS

Der Leuchtturm im venezianischen Hafen von Chania (siehe S. 158–160), Kretas einstiger Hauptstadt

Auf Kreta unterwegs

Kreta ist durch ein Netz teils kleiner Straßen erschlossen, die in abgelegenen Gebieten bisweilen nicht asphaltiert sind. Für manche Strecken ist ein Geländewagen erforderlich. Die Nationalstraße 90 führt als Hauptverkehrsachse an der Nordküste von Agios Nikolaos im Osten nach Kastelli Kissamou im Westen. Sie ist im Raum Iraklio und von dort ostwärts bis etwa Chersonissos als Autobahn ausgebaut. Wer nicht mit dem Auto oder Motorroller unterwegs ist, erreicht mit den Linienbussen von KTEL bequem und günstig die Städte im Norden sowie Ortschaften im Inselinneren und an der Südküste. Die Busse eignen sich gut für Tagesausflüge nach Iraklio, Rethymno und Chania, deren historische Zentren für Fußgänger ausgelegt sind. Auf den ruhigen Bergstraßen lässt sich Kreta zudem gut per Fahrrad erkunden.

Schon gewusst?

Einige Dörfer im Südwesten Kretas sind nur per Schiff zu erreichen.

Zentralkreta

In der facettenreichen Region lassen sich viele der für Kreta typischen Attraktionen erleben. In den großen Ferienorten an der Nordküste kann man einen wunderbaren Strandurlaub verbringen, die Dörfer an der Südküste bezaubern mit ruhiger Atmosphäre.

Im Norden der Region liegt die Hauptstadt Kretas: Iraklio ist das lebensprühende politische und wirtschaftliche Zentrum der Insel. Das nahe gelegene Knossos mit dem minoischen Palast war Hauptstadt eines bronzezeitlichen Reichs, das sich vor mehr als 4000 Jahren über den östlichen Mittelmeerraum erstreckte. In Matala begann der griechischen Mythologie zufolge die Geschichte des europäischen Kontinents: Matala gilt als der Ort, an dem Zeus die phönizische Prinzessin Europa an Land brachte.

So alt wie dieser Mythos sind der Olivenanbau in der fruchtbaren Messara-Ebene und die Freude am Wein, der in den Hügeln rund um Archanes seit Jahrtausenden angebaut wird.

Piräus ↑

Kythira
↑

Kretisches Meer

*Halbinsel
Rodopou*

*Halbinsel
Akrotiri*

Stavros
○ *Moni Gouvernetou*

*Halbinsel
Gramvousa*

Kolimvari   Maleme/
Tavronitis   **Chania**   ○ *Moni Agia Triada*

Falasarna   **Internationaler Flughafen
Chania »Ioannis Daskalogiannis«**

**Kastelli
Kissamou**   *Plataniani
899 m*   ○ Souda

Platanos   Topolia   Alikianos   Mournies   Kalami
Vamos

Vathi   Elos   Spina   **Rethymno**   Panormos   Bali

Sklavopoula   Kandanos   *Omalos*   Georgioupoli   Perama

Elafonisi   Anidri   Samaria   *Lefka Ori*   Kournas   Amnatos   Margarites   Anogia
                                                                Armeni   ○ *Moni
                                                                Arkadiou*

Paleochora   Sougia   Agia
Roumeli   Loutro   *Angathes
1511 m*   Amari   **Westkreta**
                                *Samaria-
                                Schlucht*   *Imbros-
                                Schlucht*   Plakias   *Seiten 142–173*

Chora
Sfakion   Frango-
kastello   Preveli   Kamares   Zaros

Mittelmeer
(Libysches Meer)

Agios Pavlos   Agia
Galini   Vori
Timbaki   ⑦
Paximadia   Phaestos   Mires
Matala ⑧

Lithinos   Kali
Limenes

⚓ *Gavdos*

Zentralkreta

Zentralkreta

Highlights
1 Iraklio
2 Palast von Knossos
9 Phaestos

Sehenswürdigkeiten
3 Chersonissos
4 Malia
5 Archanes
6 Gortys
7 Mires
8 Matala

↑ Santorin,
Anafi, Milos

Karpathos,
Kasos

Agia
Pelagia

Dia

Internationaler
Flughafen Iraklio
»Nikos Kazantzakis«

Fodele

Kato
Gouves

Chersonissos

Sisi

Agios Georgios

Dragonada

Giannisada

IRAKLIO **1**

3

Malia
4

Tylissos

2 **Palast von**
Knossos

92

90

Spinalonga

Moni
Toplou

Vai

Archanes **5**

Myrtia

Agna

Neapoli

E75

Elounda

Sitia

Chamezi

Palekastro

Tzermiado

97

Choudetsi

99

Agios
Nikolaos

Mochlos

Inlands-
flughafen
Sitia

Zakros

Diktäische
Höhle

Psari Madara
2148 m

Ostkreta
Seiten 124–141

Chrysopigi

90

97

Kato
Zakros

Agia
Varvara

Arkalochori

Dikti-Gebirge

Ziros

6 **Gortys**

Tefeli

Marta

Gournia

Koutsourias

Agii
Deka

Protoria

97

Ano Viannos

Makrigialos

Prasonisi

Messara-Ebene

Achentrias

97

Myrtos

Ierapetra

Koufonisi

Paranimfoi

Nea Arvi

Sidonia

Chrysi

Mittelmeer
(Libysches Meer)

0 Kilometer   20

N
↑

Persönliche Favoriten

Zentralkreta ist eine abwechslungsreiche Region, in der es viel zu entdecken gibt. Erlebnisse in der Natur, kulinarische Genüsse und ein Hauch von Abenteuer lassen sich zu perfekten Urlaubstagen kombinieren.

Begegnungen mit Tieren

1995 wurde das erste Aquarium auf Kreta eröffnet. Es beherbergt neben Fischen und anderen Meereslebewesen auch Reptilien. Die meisten sind gerettete Tiere.

Bunte Fische flitzen umher, Seepferdchen schaukeln zwischen Wasserpflanzen, Kraken hangeln sich mit den Armen am Untergrund entlang, Muränen verstecken sich in Höhlen. Wer nicht aufpasst, stolpert womöglich über die Spornschildkröte Blondie oder verpasst, wie der Leguan Mr. Prickles für ein Foto posiert. Die Zackenbarschdame Gerti wurde vor ihrem Schicksal als Suppeneinlage bewahrt.

Sie wurde, typisch für ihre Art, als Weibchen geboren und wird sich in den nächsten Jahren für den Rest ihres Lebens in ein Männchen verwandeln. Mutige Besucher können einen riesigen Python streicheln. Die privat geführte Auffangstation begeistert Tierfreunde mit einem Ausschnitt aus Kretas Unterwasserwelt und faszinierenden Reptilien.

Aquaworld Aquarium & Reptile Rescue Center
🏠 Filikis Etairias 7, Chersonissos 📞 +30 28970 29125
🕐 Apr – Okt: Mo – Sa 10 – 17 🌐 aquaworld-crete.com

Freiheit pur: Reiterglück

Am Fuß des Dikti-Gebirges kann man Kretas Natur auf unvergesslichen Ausritten entdecken.

Die Luft duftet würzig, eine leichte Brise weht, Hufe klappern, hin und wieder ein munteres Schnauben – es ist ein großartiges, intensives Erlebnis, Kreta hoch zu Ross zu erkunden. Odysseia Stables bietet Reitstunden, Ausritte und Touren an. In dem bezaubernden Hotel auf der Anlage kann man übernachten.

Odysseia Stables und Velani Country Hotel
🏠 Velani 46, Avdou Pediados 📞 +30 28970 51080
🌐 horseriding.gr

Kreta-Besucher hoch zu Ross

Wackelschreck: Erdbeben auf Knopfdruck

Auf Kreta kann jederzeit die Erde beben – gut, wenn man darauf vorbereitet ist.

Für manche fängt der Schreck schon an, sobald sie sich in Iraklios Naturhistorischem Museum in das Klassenzimmer im Keller setzen müssen – in den Ferien! Die meisten schaudern jedoch erst, wenn im Erdbebensimulator der Boden bebt, die Landkarte wild schaukelt und die Stühle krachend rutschen.

Naturhistorisches Museum
🏠 Sofokli Venizelou, Iraklio 📞 +30 28102 82740
🕐 Mo – Fr 9 – 15, Sa, So 10 – 18 🌐 nhmc.uoc.gr/en/museum

Erdbebensimulator im Naturhistorischen Museum

Bei der zum Glück harmlosen Trockenübung erhält man wichtige Tipps für den Ernstfall.

Abtauchen in magische Unterwasserwelten

Die Flossen angezogen, die Maske aufgesetzt, das Mundstück noch einmal kurz getestet – und schon taucht man ein in das faszinierende Universum vor der Küste.

Bei Agia Pelagia, 20 Kilometer westlich von Iraklio, erstreckt sich zwischen Felsklippen der hübsche Sand- und Kiesstrand Mononaftis an glasklarem Wasser. An Kretas Nordküste findet man nur wenige Plätze, die sich so gut zum Schnorcheln eignen.

Wer tiefer in die faszinierende Unterwasserwelt vordringen möchte, wendet sich vor Ort an Stay Wet. Übersehen kann man die gut geführte Tauchschule an dem kleinen Strand auf keinen Fall. Ganz egal, welchen Tauchgang man wählt: Sobald sich die Wellen über einem schließen, fühlt man sich selbst wie ein Meeresbewohner, gleitet scheinbar schwerelos, schauend und staunend durchs Wasser – ein wunderbares Erlebnis. Da das Team das Revier wie seine Westentasche kennt, bekommt man viel zu sehen: Zackenbarsche, Rochen, Seeanemonen, Barrakudas und manchmal Delfine. Besuchern, die nach dem ersten Schnupperkurs einen längeren Aufenthalt wünschen, vermittelt die Tauchschule gern eine Unterkunft in einem Apartment für Selbstversorger.

Stay Wet Diving Center Crete
⌂ Mononaftis ☎ +30 6944 690152 ☒ staywet.gr

Wein, Kaffee, Kräuter: Topfgucker in Iraklio

In der Region südlich von Iraklio kommen Weinliebhaber auf ihre Kosten, in der Stadt selbst bieten sich Fans der kretischen Küche viele kulinarische Entdeckungen.

Zentralkreta ist das herrliche, hügelige Weinland der Insel. Es lockt mit wunderschönen Weinstraßen und Weingütern. Die maßgeschneiderten Touren von Vintage Routes Crete ermöglichen es Besuchern, die besonders guten Tropfen der Region zu verkosten und zu genießen. In Iraklio führt der Veranstalter die Teilnehmer von Topfguckertouren in die Finessen der kretischen Küche ein: Bei einem Spaziergang durch die Stadt probiert man Kaffee in einer Rösterei, kostet duftendes Gebäck, schnuppert an Kräutern und lässt sich feinen Käse schmecken. Zum Abschluss des Rundgangs genießt man in einer Taverne am Hafen ein köstliches Fischgericht.

Weinliebhaber können auf speziellen Touren die besten Tropfen kosten

Vintage Routes Crete
⌂ Arkoleon 9, Iraklio ☎ +30 28103 33583

❶
Iraklio

Ηράκλειο

🏔 J2–3 ✈ 5 km östl. 🚌 🚍 Busbahnhof A am Hafen, Busbahnhof B Pantokrator-Bastion 🏙 174 000 ℹ Platia Nikiforou Foka; +30 28134 09777 🛒 Sa 🎪 Sommerfest (Juli–Sep) 🏖 Amoudara (10 km westl.) 🌐 heraklion.gr

Iraklio liegt an der zentralen Nordküste auf uraltem Siedlungsgebiet. Die quirlige Inselhauptstadt bietet griechisches Großstadtflair. Iraklio wurde im Zweiten Weltkrieg von deutschen Bomben weithin zerstört. Der Wiederaufbau gestaltete sich überwiegend planlos. Überdauert hat jedoch der venezianische Festungsring rund um den alten Stadtkern, der gut zu Fuß erkundet werden kann.

Ein Teil der venezianischen Loggia fungiert als Rathaus

Überblick

Die meisten Besucher beginnen am neuen Hafen mit der Besichtigung Iraklios. Dort legen die Fähren und Kreuzfahrtschiffe an, dort liegt der Busbahnhof A, und es gibt Parkplätze. Wer mit dem Auto kommt, sollte am Hafen parken oder die Stellflächen westlich und entlang der Stadtmauer nutzen. Im Stadtkern innerhalb der Festungsmauern sind Parkplätze auch in der Nebensaison rar, und die Suche im Gewirr der

[Karte: Venezianischer Festungsring, Busbahnhof B, Naturhistorisches Museum, LEOFOROS SOFOKLI VENIZELOU, SKORDILON, SAKOULIERIDON, ARCHIEPISKOPOU MAKARIOU, KISSAMOU, VALESTRA, VOURDOUMPADON, SAVVATHIANON, PERATZAKI, MASTRACHA, DELIMARKOU, GORGOLAINI, SFAKION, ODOS, LEOFOROS KALOKERINOU, TSIRINTAN DON, MOMS KARDIOTISSIS, LEOFOROS PLASTIRA, KOURMOULIDON, VASILOGIORGI, KOUNALI, LEOFOR, Agia Ekate... Museu... christliche..., Kathe... Agios..., TO..., RO...]

Agios Titos, einst Moschee und seit 1925 orthodoxe Kirche

Sehenswürdigkeiten auf einen Blick

① Venezianischer Hafen und Festung (Koules)
② Historisches Museum von Kreta
③ Naturhistorisches Museum
④ Agia Ekaterini – Museum für christliche Kunst
⑤ Kathedrale Agios Minas
⑥ Morosini-Brunnen
⑦ Archäologisches Museum
⑧ Agios Titos
⑨ Venezianische Loggia (Rathaus)
⑩ Agios Markos (Städtische Kunstgalerie)
⑪ Bembo-Brunnen und Sebil
⑫ Venezianischer Festungsring

Restaurants und Cafés
siehe S. 120f

① Herb's Garden
② Kouzeineri
③ Ligo Krasi Ligo Thalassa
④ Paralia
⑤ Parasties
⑥ Erganos
⑦ Peskesi
⑧ I Avli

Die venezianische Festung Koules (16. Jh.)

drucken kann, aber mit einer lebhaften Atmosphäre bezaubert. In der Altstadt befinden sich die wichtigsten Sehenswürdigkeiten. Hübsche Läden laden zum Stöbern ein, es locken Lokale aller Art, Bars haben bis in die frühen Morgenstunden geöffnet. Die Altstadt ist von einem Festungsring aus venezianischer Zeit umgeben. Bei einem Spaziergang auf den Festungsmauern genießt man schöne Ausblicke.

Bergauf ins Herz der Stadt

Die meisten Besucher spazieren vom venezianischen Hafen auf der Odos 25is Avgoustou bergauf ins Zentrum. In der Fußgängerzone befinden sich die schönsten venezianischen Gebäude der Stadt: Die Loggia, die teils als Rathaus dient, und die Kirche Agios Markos, die heute ein Kunstmuseum beherbergt. Die Platia Eleftheriou Venizelou mit dem Morosini-Brunnen bildet das Zentrum der Altstadt. Nordöstlich des Platzes liegt mit dem Archäologischen Museum eine weitere bedeutende Sehenswürdigkeit. Weitere Museen erreicht man vom Hafen aus über den Leoforos Sofokli Venizelou.

Odos Dikeosinis und Leoforos Kalokerinou sind die wichtigste Ost-West-Achse. Die beiden Straßen, die von der Platia Eleftherias nahe dem Archäologischen Museum zur Pantokrator-Bastion führen, bilden die zentrale Shopping-Meile im Einkaufsviertel von Iraklio.

teils sehr engen Einbahnstraßen und steil ansteigenden Gassen ist strapaziös. Vom Hafen gelangt man in nur 15 Minuten zu Fuß in die Altstadt, der Weg ist mit einer farbigen Linie markiert.

Im Schutz der Festungsmauern

Für Besucher interessant ist in erster Linie Iraklios relativ kleiner Altstadtkern, der zwar nicht mit einer geschlossenen historischen Bebauung beein-

---

Map labels:

Venezianische Festung (Koules)
① Venezianischer Hafen
LEOF. SOFOKLI VENIZELOU
④ ③
MITSOTAKI
Historisches Museum von Kreta
M. AGRATHIOU
MARINELI
LEOFOROS NEARCHOU
THEOTOKOPOULOU
THALITA
VIRONOS
25IS AVGOUSTOU
EPIMENIDOU
IDOMENEOS
Venezianische Arsenale ①
LEOFOROS NEARCHOU
Fährhafen 500 m
DOUKOS MPOFOR
Busbahnhof A
MINOTAUROU
KORONAIOU
Theotokopoulos-Park
② ⑦ ⑥
PLATIA AGIOU TITOU
⑤
② ⑧ Agios Titos
MALIKOUTI
MALIKOUTI
ARIADNIS
Flughafen 4 km
⑩
PLATIA E. VENIZELOU
⑨
MERAMVELLOU
Morosini-Brunnen ⑥
ANDROGEO
⑩ ⑤
Venezianische Loggia (Rathaus)
③
② ②
CHATZIDAKI
⑦ Archäologisches Museum
④ ① Agios Markos
PLATIA NIKIFOROU FOKA
DAIDALOU
SAPOUTIE
SANTHOUDIDOU
Statue Eleftherios Venizelos
DIKEOSINIS
M. GIANNARI
PLATIA DASKALOGIANNIS
PLATIA ELEFTHERIAS
LEOFOROS IKAROU
⑤
KARTEROU
EVANS
SMYRNIS
⑨
⑫ Venezianischer Festungsring
⑥
PLATIA KORNAROU
⑧ AVEROF
⑪ Bembo-Brunnen und Sebil
MANOUSOGIANNI
RENIERI
TSOUDEROU
EVANS
LASTHIOU
ALMPER
VIVILAKI
PEDIADOS
PARODOS 21 PEDIADOS VIGLAS
⑥ ↓ 300 m

0 Meter 300
N ↑

Im venezianischen Hafen ankernde Boote

①

Venezianischer Hafen und venezianische Festung (Koules)

Festung: 📞 +30 28102 43559
🕐 variierende Öffnungszeiten 🌐 koules.efah.gr

Der venezianische Hafen liegt westlich des modernen Hafens von Iraklio. Er dient als Fischer- und Yachthafen. Die Festung am Ende des Piers ist Teil der von den Venezianern errichteten Stadtbefestigungen. Sie entstand im 16. Jahrhundert durch den Ausbau eines byzantinischen Wehrturms. Das von den Venezianern »Rocca al Mare« (»Burg am Meer«) genannte zweistöckige Bauwerk besitzt neun Meter dicke Außenmauern. Es wurde zum Schutz des Hafens vor Angriffen durch Piraten und die Osmanen erbaut. Reliefs zeigen den Markuslöwen.

Nach der Eroberung der Stadt durch die Osmanen 1669 wurde die Festung Koules genannt. In osmanischer Zeit beherbergte sie neben Lager- und Wohnräumen auch ein berüchtigtes Gefängnis.

Seit der Renovierung 2016 ist die Festung für die Öffentlichkeit zugänglich. Sie dient als Museum und für Veranstaltungen. Vom Dach genießen Besucher einen herrlichen Blick auf die Stadt.

②

Historisches Museum von Kreta

🏠 Leof. Sofokli Venizelou 27
📞 +30 28102 83219
🕐 Apr – Okt: tägl. 9 – 17;
Nov – März: Mo – Fr 9 – 15:30,
Sa 10 – 16 🕐 Feiertage
🌐 historical-museum.gr

Die Sammlungen vermitteln einen Überblick über mehr als 1500 Jahre kretischer Geschichte – von frühbyzantinischer Zeit bis ins 20. Jahrhundert. Zu den Exponaten zählen ein interaktives Modell des mittelalterlichen Iraklio, venezianische Monumente, orthodoxe Kirchenfresken und Trachten. Die Skulpturensammlung reicht von frühchristlichen Artefakten bis zu Werken aus osmanischer Zeit.

Die dem Zweiten Weltkrieg gewidmete Abteilung informiert über den italienischen

Angriff auf Griechenland im Jahr 1940, die Niederlage der Alliierten in der Luftlandeschlacht um Kreta 1941 und die deutsche Besetzung bis 1945. Sehr ausgiebig wird der kretische Widerstand behandelt, der im historischen Selbstverständnis der Insel heute noch eine bedeutende Rolle spielt.

Highlights des Museums sind die beiden Gemälde *Ansicht des Berges Sinai mit dem Katharinenkloster* (1570) und *Die Taufe Christi* (1567) von El Greco *(siehe Kasten)*. Es sind die einzigen Werke des aus Iraklio stammenden berühmten Malers, die man auf Kreta bewundern kann.

③

Naturhistorisches Museum

🏠 Leof. Sofokli Venizelou
📞 +30 28102 82740 🕐 Mo – Fr 9 – 15, Sa, So 10 – 18
🌐 nhmc.uoc.gr/en/museum

Das westlich des venezianischen Hafens in einem denkmalgeschützten ehemaligen Elektrizitätswerk untergebrachte Museum gehört zur Universität Kreta. Es widmet sich der Artenvielfalt des östlichen Mittelmeerraums. Eindrucksvollstes Exponat ist das rekonstruierte Skelett eines Dinotheriums. Die ausgestorbene Gattung von Rüsseltieren war den heutigen Elefanten ähnlich.

El Greco

Dominikos Theotokopoulos (1541–1614) wurde gegen Ende der venezianischen Herrschaft in Candia (Iraklio) geboren. Er erlernte die Ikonenmalerei nach byzantinischer Tradition, deren Einfluss sich in seiner Darstellung von Figuren und dem lebendigen Umgang mit Farbe zeigt. Bei einem Aufenthalt in Venedig lernte er Tizian kennen. Dominikos Theotokopoulos zog weiter nach Rom und schließlich nach Spanien, wo er den Beinamen El Greco, (»der Grieche«) erhielt. Er gilt als Hauptvertreter des spanischen Manierismus und der Spätrenaissance. El Greco verbrachte seine letzten Lebensjahre in Toledo.

Morosini-Brunnen auf der Platia Eleftheriou Venizelou

vereint Stilelemente von Neorenaissance, Neugotik, Klassizismus und Neobyzantismus. Durch Buntglasfenster einfallendes Licht erhellt den Narthex (Vorhalle). Das Tonnengewölbe des Langhauses ist mit prächtigen Fresken ausgemalt. Die Kuppel schmückt eine Darstellung von Christus als Pantokrator (Weltenherrscher). Die Ikonen der Ikonostase zeigen Maria, Johannes, Christus und den heiligen Minas.

Im interaktiven »Discovery Center« haben Kinder Spaß. Der Erdbebensimulator, in dem der Boden unter den Füßen bebt und die Wände wackeln, beeindruckt Besucher aller Altersstufen.

④

Agia Ekaterini – Museum für christliche Kunst

🏠 Platia Agias Ekaterinis
📞 +30 28103 36316 🕐 tägl.
9:30–19:30 (So ab 10:30)
🌐 iakm.gr

Die ehemalige Kirche Agia Ekaterini (1555) befindet sich neben der Kathedrale Agios Minas. Sie ist das einzige erbliebene Bauwerk eines kleinen Klosters, das zum Katharinenkloster im Sinai gehörte. Die Kirche dient nun als Museum für christliche Kunst des 14. bis 19. Jahrhunderts. Ausgestellt sind u. a. Fresken, Skulpturen, Devotionalien und kostbare Gewänder.

Das Museum beherbergt die größte Ikonensammlung auf Kreta. Besonders bedeutend sind die Werke von Angelos Akotantos (15. Jh.) und Michail Damaskenos (1530–1593), die als Hauptvertreter der Kretischen Schule *(siehe S. 95)* gelten. Von Damaskenos sind u. a. *Die Anbetung der Könige* und *Das letzte Abendmahl* zu sehen.

⑤

Kathedrale Agios Minas

🏠 Platia Agias Ekaterinis
🕐 tägl.

An der Platia Agias Ekaterinis stehen die venezianische Kirche Agia Ekaterini, die »*mikros*« Agios Minas genannte kleine Vorgängerkirche der heutigen Kathedrale und die Kathedrale Agios Minas. Letztere ist das imposanteste der drei Gebäude – die orthodoxe Kathedrale bietet rund 8000 Gläubigen Platz.

Die 1895 vollendete Kreuzkuppelkirche mit Anklängen an eine dreischiffige Basilika ist dem heiligen Minas, dem Schutzpatron von Iraklio, geweiht. Das Bauwerk mit der hellen Sandsteinfassade

⑥

Morosini-Brunnen

🏠 Platia Eleftheriou Venizelou

Die Löwenfiguren am Morosini-Brunnen gaben der Platia Eleftheriou Venizelou den Beinamen Platia Liondaria (»Löwenplatz«). Der im Jahr 1628 von dem venezianischen Statthalter Francesco Morosini gestiftete Brunnen war der Endpunkt der Wasserleitung in die Stadt – über einen Viadukt, der in Knossos teilweise erhalten ist, wurde einst Wasser vom Höhenzug Giouchtas nach Iraklio geleitet. Die Reliefs, die den Brunnen zieren, zeigen Figuren aus der griechischen Mythologie, Seeungeheuer und Delfine.

Die orthodoxe Kathedrale Agios Minas

Archäologisches Museum

Αρχαιολογικό Μουσείο Ηρακλείου

🏠 Odos Xanthoudidou und Chatzidaki 2 📞 +30 28102 79000
🕐 variierende Öffnungszeiten 🌐 heraklionmuseum.gr

Die Exponate des Museums dokumentieren rund 6500 Jahre kretische Kunst und Geschichte von der Jungsteinzeit bis zur römischen Antike. Die bedeutende minoische
Sammlung beinhaltet die Originalfresken aus dem Palast von Knossos *(siehe S. 98–105)*
und den Diskos von Phaestos *(siehe S. 116f)*. Sehenswert sind auch die Bienen von Malia – der goldene Anhänger (17. Jh. v. Chr.) zeigt zwei Bienen und einen Honigtropfen
und stammt aus einem Grabgebäude am Palast von Malia.

Leda und der Schwan
Das römische Relief (1./2. Jh. n. Chr.) aus
Knossos zeigt die Königstochter Leda,
Zeus in Gestalt eines Schwans und Eros,
den geflügelten Gott der Liebe. Aus der
Verbindung ging Helena hervor, um die
der Trojanische Krieg entbrannte.

Fresko aus dem Palast von Knossos

Schon gewusst?
Die Goldkügelchen auf
der Wabe der Bienen
von Malia haben einen
Durchmesser von
0,4 Millimetern.

Schlangenpriesterinnen
Die Fayence-Statuetten (um 1650–1550 v. Chr.) aus
Knossos stellen kostbar gewandete minoische Göttinnen
oder Priesterinnen bei einer kultischen Handlung dar.
Die Schlangen sind ein Zeichen der Erdgöttin, das
katzenartige Wesen auf dem Kopf der kleineren Figur
symbolisiert die Herrschaft über die Wildtiere.

Haus der Göttin

Das Modell eines Heiligtums im geometrischen Stil (9. Jh. v. Chr.) zeigt außen zwei Männer und ein Tier sowie im Innenraum eine Göttin. In der Szene verbinden sich die irdische Welt und die göttliche Unterwelt.

Fresko des »Lilienprinzen«

Das Fresko des »Lilienprinzen« (16. Jh. v. Chr.) wurde am Südeingang des Palasts von Knossos gefunden. Es war Teil einer größeren reliefartig gestalteten Malerei (Prozessionsfresko).

Kurzführer

Die Sammlungen sind in 20 Sälen auf zwei Etagen zeitlich und thematisch geordnet. Der Rundgang im Erdgeschoss beginnt im Neolithikum und der Bronzezeit (7000–3500 v. Chr.). Die meisten der nachfolgenden Säle sind der minoischen Kultur gewidmet – von der Vorpalastzeit (um 3300–1450 v. Chr.) bis zur Nachpalastzeit (1450–1100 v. Chr.). Präsentiert werden u. a. Vasen, Statuetten, Sarkophage, Helme und Schmuck. Im Obergeschoss sind Fresken aus dem Palast von Knossos ausgestellt. Die restlichen Säle beherbergen Artefakte geometrischen und archaischen Stils (10.–6. Jh. v. Chr.) sowie Fundstücke aus hellenistischer und römischer Zeit (5. Jh. v. Chr.–3. Jh. n. Chr.).

Schmuck

In den Sälen I bis III sind prächtige Schmuckstücke aus den Jahrhunderten von der frühen Bronzezeit bis zur Altpalastzeit zu sehen, darunter Meisterwerke minoischer Goldschmiedekunst wie die Bienen von Malia.

⑧ ♿ Agios Titos

🏠 Platia Agiou Titou ⏰ tägl. 7–12, 17–20 🎎 Prozession mit der Reliquie des heiligen Titos (25. Aug)

Das Gotteshaus ist dem hl. Titos geweiht, dem Schutzpatron der kretischen Kirche. Titos wurde der Überlieferung nach von dem Apostel Paulus im 1. Jahrhundert zum ersten Bischof von Kreta ernannt. Er wurde in der Kirche, die er in Gortys erbauen ließ, bestattet. Nachdem Iraklio Inselhauptstadt geworden war, wurden die Gebeine des hl. Titos in eine 962 am Standort des heutigen Gebäudes errichtete Kirche verbracht. Diese wurde 1544 durch einen Brand zerstört, nur der Schädel des hl. Titos konnte gerettet werden. Im 17. Jahrhundert eroberten die Osmanen Kreta, die abziehenden Venezianer nahmen die Schädelreliquie mit.

Das heutige Gebäude wurde 1872 als Moschee erbaut. 1925 wurde es als orthodoxe Kirche geweiht. Seit 1966 befindet sich das Reliquiar mit dem Schädel des hl. Titos wieder in der Kirche.

Im Inneren zeigen Ikonen den hl. Titos und die Heilsgeschichte. Unter der Kuppel

Chania-Tor an der Pantokrator-Bastion

hängt ein riesiger, aus Holz gefertigter Kronleuchter, den kunstvolle Schnitzarbeiten zieren. Die Kirche weist schöne Buntglasfenster auf.

⑨ Venezianische Loggia (Rathaus)

🏠 Odos 25is Avgoustou

Die 1626 bis 1629 unter dem Statthalter Morosini im Stil der italienischen Renaissance erbaut Loggia diente der venezianischen Oberschicht als Versammlungsort und Festsaal. Später wurde sie von den Osmanen als Regierungsgebäude genutzt.

Heute dienen ein Teil der Loggia und der angrenzenden venezianischen Arsenale als Rathaus. In der öffentlich zugänglichen Halle im Erdgeschoss ehren Bronzemedaillons bedeutende kretische Persönlichkeiten.

⑩ ♿ Agios Markos

🏠 Odos 25is Avgoustou ⏰ variierende Öffnungszeiten

Die einstige Kathedrale der venezianischen Statthalter wurde 1239 geweiht. Sie beherbergt heute die städtische Kunstgalerie.

⑪ Bembo-Brunnen und Sebil

🏠 Platia Kornarou

Am Ende der sehenswerten Marktstraße Odos 1866 liegt die nach dem Dichter Vitsentzos Kornaros *(siehe S. 191)* benannte Platia Kornarou. Der venezianische Bembo-Brunnen auf dem Platz datiert aus dem 16. Jahrhundert. In das Bauwerk wurden ein römischer Sarkophag und eine Statue aus Ierapetra eingearbeitet *(siehe S. 134)*, der einst Wunderkräfte zugeschrieben wurden. Den Brunnen zieren Wappen und florale Reliefs.

Der benachbarte osmanische Sebil (1776), ein der Öffentlichkeit gestifteter Trinkbrunnen, beherbergt heute ein Café.

Innenhof der venezianischen Loggia

⑫
Venezianischer Festungsring

🏠 **Platia Kountourioti / Leoforos Plastira / Leoforos Sofokli Venizelou**

In Iraklio entstanden erste Befestigungsanlagen in byzantinischer Zeit und während des Emirats von Kreta *(siehe S. 73)*. Vom 15. bis zum 17. Jahrhundert errichteten die Venezianer einen monumentalen Festungsring von über fünf Kilometern Länge.

Die Befestigungen hielten den Versuchen der Osmanen, die Stadt einzunehmen, 21 Jahre lang stand – die von 1648 bis 1669 während Belagerung von Iraklio (Candia) gilt als eine der längsten in der Geschichte weltweit.

Die Anlage ist nahezu vollständig erhalten. Sie besteht aus massiven Mauern, die die Altstadt in Form eines Dreiecks umgeben, sieben vorgelagerten Bastionen und mehreren Toren, Wallgräben und weiteren Wehrbauten.

Durch das Jesus-Tor (Pili Isiou) führte einst die Wasserleitung des Morosini-Aquädukts in die Stadt. In dem auch als Neues Tor (Kenourgia Porta) bekannten Bauwerk informiert eine Ausstellung über Nikos Kazantzakis *(siehe S. 191)*. Das Grab des Dichters befindet sich auf der Martinengo-Bastion.

Von den heute von Grünanlagen gesäumten Festungsmauern eröffnen sich schöne Ausblicke auf die Altstadt und das moderne Iraklio.

Ikonen

Ikonen kommt im orthodoxen Glauben besondere Bedeutung zu. Besucher sollten in Kirchen darauf achten, nicht mit dem Rücken direkt vor einer Ikone zu stehen. Für orthodoxe Christen ist es üblich, sich vor Ikonen zu verbeugen und die Bildnisse zu küssen. Die geweihten Bilder gelten als Fenster in die geistliche Welt. Wenn sie ein Gläubiger betrachtet, erfährt er die Gegenwart Gottes. Ikonen gelten, wie das Wort der Bibel, als Offenbarung. Sie vergegenwärtigen christliche Wahrheiten.

Als gemaltes Evangelium werden Ikonen nicht frei gestaltet, sondern immer wieder neu »geschrieben«. Die »Ikonenschreiber«

folgen einem Bilderkanon, wobei jede Farbe, Geste, Mimik, Haltung und auch die Größe der Figuren eine bestimmte Be-

deutung besitzen. Vom 15. Jahrhundert bis zur osmanischen Herrschaft ab 1669 erlebte die Ikonenmalerei auf Kreta eine Blütezeit. Die Künstler der Kretischen Schule bereicherten die traditionelle byzantinische Malerei um Techniken und Darstellungsweisen der italienischen Renaissance. Sie schufen farb- und detailreichere Werke mit größerer Plastizität und einer menschlicheren Darstellung der Figuren. Charakteristisch ist der geometrische Faltenwurf der Gewänder.

Unter den erhaltenen Werken der Kretischen Schule sind Festtagszyklen, Bildnisse des hl. Johannes und Marienikonen besonders zahlreich. Eine Besonderheit beim Motiv der Glykophilousa (»süß küssende Gottesmutter«) ist die Darstellung des Jesuskindes mit einer vom Fuß abfallenden Sandale, die auf die späteren Leiden Christi hindeutet. Berühmte Vertreter der Kretischen Schule sind Michael Damaskenos und Angelos Akontatos.

Fresko in der Kirche Panagia Kera

Die byzantinischen Fresken in der Kirche (13. Jh.) nahe Kritsa zeigen sämtliche Stile der kretischen Kirchenmalerei *(siehe S. 134)*.

Agii Deka

Die zehn heiligen Märtyrer von Kreta wurden der Überlieferung nach während der Christenverfolgung unter dem römischen Kaiser Decius (249–251) 30 Tage lang gefoltert und, nachdem sie ihrem Glauben nicht abschworen, enthauptet. An der Stätte ihrer Hinrichtung in Agii Deka bei Gortys *(siehe S. 110)* ist ihnen eine Kirche geweiht.

Spaziergang:
Ein Tag in Iraklio

Länge 12 km **Dauer** 12 Stunden (reine Gehzeit: 3 Stunden) **Start und Ziel** Venezianische Arsenale

In Iraklio kann man bei einem Tagesausflug alle Facetten der Inselhauptstadt erleben: Genießen Sie das mediterrane Flair am Hafen und die Ausblicke von den Festungsmauern, kosten Sie kretische Küche in traditionellen Tavernen und schicken Restaurants, lassen Sie sich von antiken Schätzen und großer Kunst faszinieren und abends von der fröhlichen Stimmung im Zentrum anstecken.

9 Uhr: Von den venezianischen Arsenalen ① am alten Hafen führt ein kurzer Spaziergang auf dem Pier zur venezianischen Festung (Koules) ②. Schlendern Sie weiter zum Leuchtturm. Richtung Norden reicht der Blick bis zu der unbewohnten Insel Dia, auf der sich einst ein minoischer Hafen befand.

10:30 Uhr: Die verkehrsberuhigte Odos 25is Avgoustou ③, die Häuser klassizistischen Stils und hübsche Läden säumen, führt bergauf in die Altstadt. Nach einer Pause im Schatten der Bäume im Theotokopoulos-Park ④ besuchen sie die Kirche Agios Titos ⑤. Flanieren Sie unter den Arkaden der venezianischen Loggia ⑥ zur Kirche Agios Markos ⑦ und sehen sie sich die Werke in der städtischen Kunstgalerie an. Den Weg zum Morosini-Brunnen ⑧ säumen gut besuchte Lokale. Am Info Point an der Platia Nikiforou Foka ⑨ erhalten Sie Stadtpläne.

11:30 Uhr: In der Marktstraße Odos 1866 ⑩ bieten Läden Lebensmittel und Souvenirs an. Wer Appetit hat, kehrt in einem der *rakadika* ein, die sich abends in Open-Air-Clubs verwandeln.

13 Uhr: Von der Platia Kornarou ⑪ mit dem osmanischen Sebil und dem Bembo-Brunnen gehen Sie auf der Odos Evans zurück zum Morosini-Brunnen. Rechts führt die Odos Daidalou ⑫, die zum Schaufensterbummel einlädt, zur Platia Eleftherias ⑬. Im Archäologischen Museum ⑭ an der Nordostseite des Platzes besichtigen Sie die bedeutende Sammlung minoischer Artefakte. Die Terrasse des Museumscafés bietet Blick auf den neuen Hafen.

① *Venezianische Arsenale am alten Hafen*

② *Venezianische Festung (Koules)*

15 Uhr: Vom Museum spazieren Sie auf der Odos Ikarou unterhalb der Stadtmauer zum Tor des hl. Georg ⑮, das als stimmungsvolle Kulisse für Ausstellungen dient. Durch die Gewölbe geht es wieder hinauf zur Südostseite der Platia Eleftherias. Folgen Sie der Odos Pediados bis zum Jesus-Tor. Am Leoforos Plastira führt links der Weg hinauf auf die Martinengo-Bastion, auf der sich das Grab von Nikos Kazantzakis ⑯ befindet. Die Grabinschrift lautet: »Ich erhoffe nichts. Ich fürchte nichts.

Ich bin frei«. Von der Bastion reicht der Blick über die Stadt bis zu den Bergen.

15:30 Uhr: Von der Bastion aus spazieren Sie die Odos Giannikou entlang und biegen nach der Odos Loukareos links ab zur Kathedrale Agios Minas ⑰. Besuchen Sie auch das Museum für christliche Kunst in der Agia Ekaterini ⑱. Stärken Sie sich in einem der von Bäumen beschatteten Cafés an dem Platz.

16:30 Uhr: Folgen Sie dem Leoforos Kalokerinou Richtung Westen und biegen Sie rechts in die Odos Delimarkou und dann gleich wieder links in die Odos Mastracha ein. Nun geht es durch das verwinkelte Viertel Agia Triada mit kleinen Häusern mit grünen Innenhöfen. Schlendern Sie auf der Odos Ntentidakidon und der Odos Samouil Chaouz Richtung Norden bis zum Meer. Vom Naturhistorischen Museum ⑲ aus flanieren Sie am Ufer entlang – vorbei am Historischen Museum ⑳ und an der venezianischen Kirche der hl. Peter und Paulus, die für Kulturveranstaltungen genutzt wird – zum venezianischen Hafen zurück.

18 Uhr: Lassen Sie den Tag in einem der Restaurants am Wasser bei feinem Seafood und wunderbarer Aussicht ausklingen.

Legende

••••••• Routenempfehlung

N

0 Meter   300

⑧ *Der Morosini-Brunnen im Zentrum der Altstadt*

Palast von Knossos

Ανάκτορο της Κνωσού

🅰 J3; 5 km südl. von Iraklio 🚌 📞 +30 28102 31940 🕐 Sommer: tägl. 8–20 (Sep, Okt: bis Sonnenuntergang); Winter: tägl. 8:30–17; letzter Einlass: 15 Min. vor Schließung 🗓 Feiertage 🌐 odysseus.culture.gr

Der erste Palast von Knossos entstand ab 1900 v. Chr. Er wurde um 1700 v. Chr. von einem Erdbeben zerstört, aber rasch wieder aufgebaut. Zentrum der Anlage ist der von Nord nach Süd ausgerichtete rechteckige Zentralhof. Bei den von Sir Arthur Evans geleiteten Ausgrabungen wurden faszinierende Fresken freigelegt. Die originalen Artefakte befinden sich heute im Archäologischen Museum in Iraklio *(siehe S. 92f)*.

Kulthörner, Symbol des heiligen Stiers, zierten einst das Palastdach. In der Nähe des Südeingangs ist ein restauriertes Exemplar zu sehen.

Heutiger Eingang

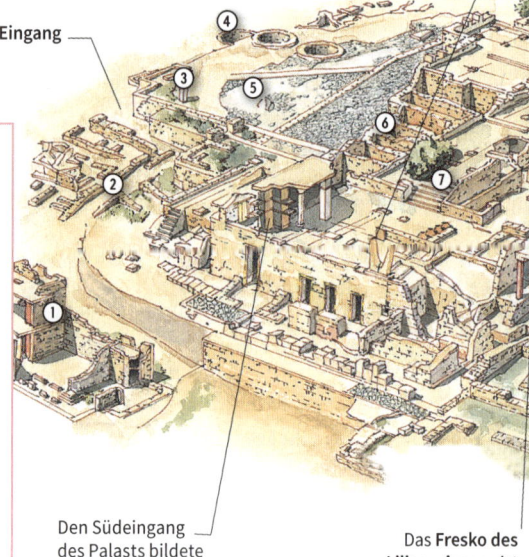

Palastteile

① Das teilweise restaurierte Südgebäude mit drei Stockwerken diente vermutlich als Wohnhaus.

② Prozessionskorridor

③ Büste von Sir Arthur Evans

④ Kouloures (Vorratsgruben)

⑤ Westhof

⑥ Westliche Lagerhäuser

⑦ Treppen zum Piano Nobile (erster Stock)

⑧ Theater und Königliche Straße

⑨ Nördliches Lustralbad

⑩ Stierfresko

⑪ Nordpropylon (Zollhaus)

⑫ Die Lagerhäuser für Pithoi enthielten Gefäße aus der Altpalastzeit (um 1800 v. Chr.).

⑬ Halle der Doppeläxte und Gemächer des Königs

⑭ Halle der Königlichen Garde

⑮ Gemächer der Königin

⑯ Große Treppe

⑰ Zentralhof

⑱ Das ursprünglich überdachte Dreisäulenheiligtum grenzt an den Zentralhof.

Den Südeingang des Palasts bildete eine mit Säulen ausgestattete Durchgangshalle. Heute zieren das **Südpropylon** Kopien des Prozessionsfreskos.

Das **Fresko des »Lilienprinzen«** ist ein Detail aus dem Prozessionsfresko *(siehe S. 93)*.

Schon gewusst?

Der kretische Stier – eine Figur des Mythos um König Minos – ist der Vater des Minotaurus.

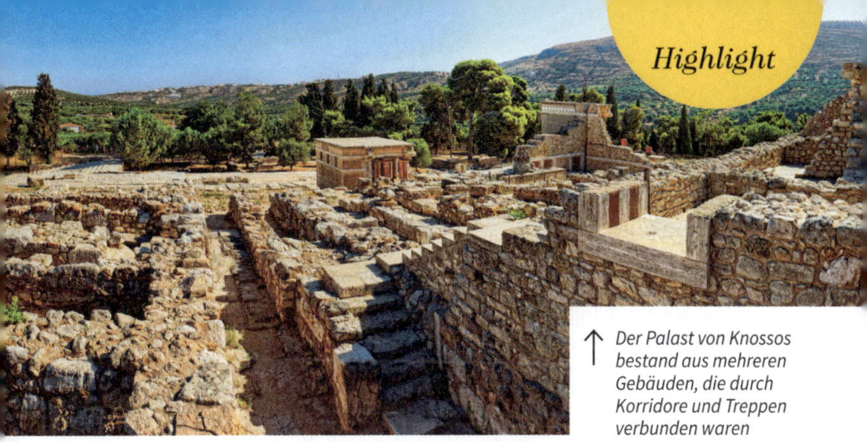
Highlight

↑ *Der Palast von Knossos bestand aus mehreren Gebäuden, die durch Korridore und Treppen verbunden waren*

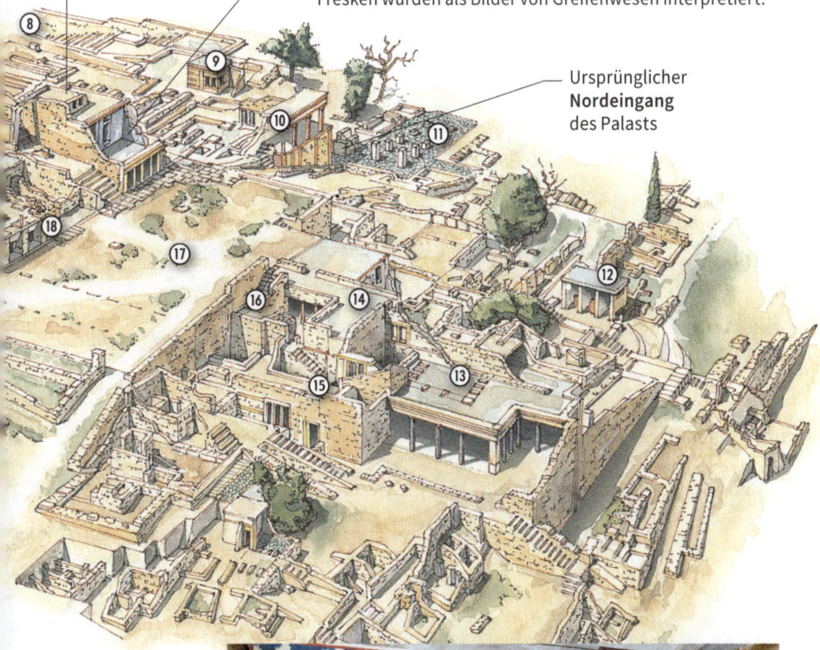
Stiersprung-fresko
An den **Thronsaal** – so genannt, da Evans in dem Gebäude einen Albasterthron entdeckte – waren ein mit Bänken versehener Vorraum und ein Lustralbad angeschlossen. Reste der Fresken wurden als Bilder von Greifenwesen interpretiert.
Ursprünglicher **Nordeingang** des Palasts
8
9
10
11
12
13
14
15
16
17
18

→ *Die mit Bad und Toilette mit Wasserspülung versehenen Gemächer der Königin schmückte ein Delfinfresko. Zu den Gemächern des Königs führte die Halle der Doppeläxte, deren Wände und Säulen das Symbol der Doppelaxt* (labrys) *zierte.*

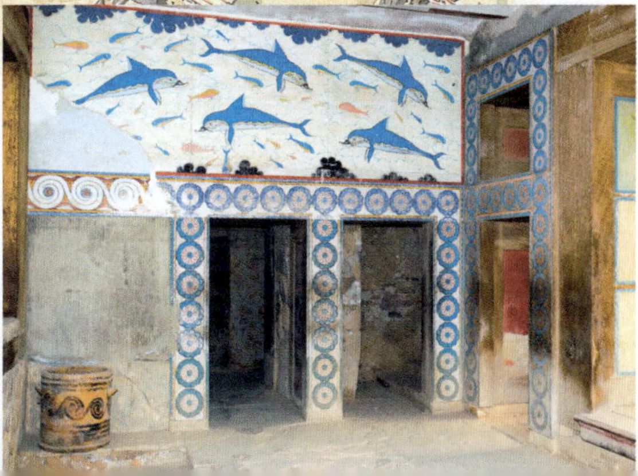

Palast von Knossos: Rekonstruktion

Sir Arthur Evans' Interpretation des Palasts ist höchst umstritten. Evans benannte Räume wie den Thronsaal oder das Zollhaus nach in ihnen gefundenen Artefakten und wies ihnen damit Funktionen zu, die nicht bewiesen sind. Die Tatsache, dass sich Evans bei der Rekonstruktion von Gebäuden und Fresken von seinen persönlichen Vorstellungen und künstlerischer Freiheit leiten ließ, machte die wissenschaftliche Erforschung der Anlage nahezu unmöglich. Zunächst verwendete er Holz für seine Rekonstruktionen, später griff er auch Beton zurück.

Palast und Mythos

Der Palast von Knossos war der größte, reichste und prächtigste der minoischen Paläste auf Kreta. Er besaß über 1000 Räume. Die Anlage war fortschrittlich ausgestattet – mit Wasserklosetts, einem Abwassersystem und gepflasterten Straßen. Dem Mythos zufolge befand sich in Knossos das von Daidalos entworfene Labyrinth, in dem der Minotaurus gefangen gehalten wurde. Der Minotaurus – halb Mensch, halb Stier – wurde von König Minos' Frau Pasiphae geboren und später von Theseus getötet.

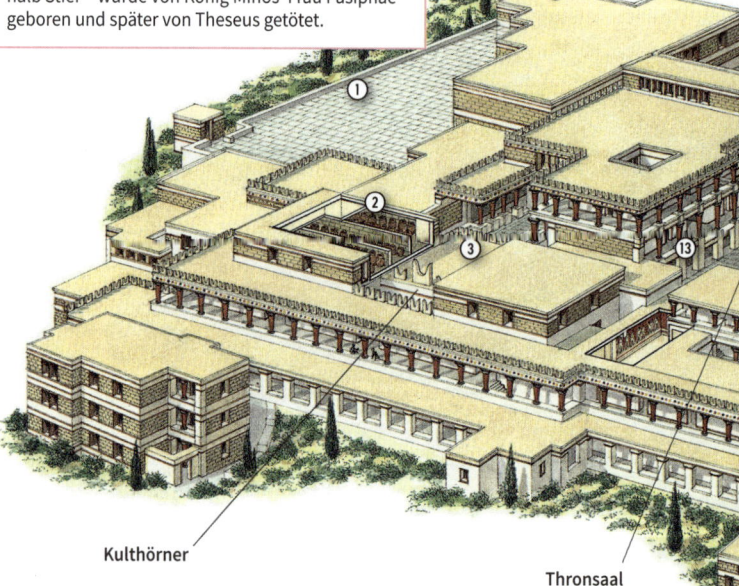

Kulthörner

Thronsaal

7000 v. Chr. Die Stätte wird während des Präkeramischen Neolithikums besiedelt	um 2000 v. Chr. Altpalastzeit: Bau des ersten Palasts	um 1450 v. Chr. Zerstörung des zweiten Palasts durch die Mykener	um 1370 v. Chr. Zerstörung des Palasts durch ein Feuer	um 800 v. Chr. Stadtstaat Knossos	67 v. Chr. Römische Eroberung Kretas	1878 Der Amateurarchäologe Minos Kalokairinos entdeckt Knossos

1750–1700 v. Chr. Zerstörung des ersten Palasts durch Erdbeben. Neupalastzeit: Bau des zweiten Palasts

um 1200 v. Chr. Ende der minoischen Hochkultur; Ende des Bronzezeitalters

1900 Sir Arthur Evans erwirbt das Areal und legt den Palast frei

um 1450–1200 v. Chr. Überbauung des Palasts durch die Mykener

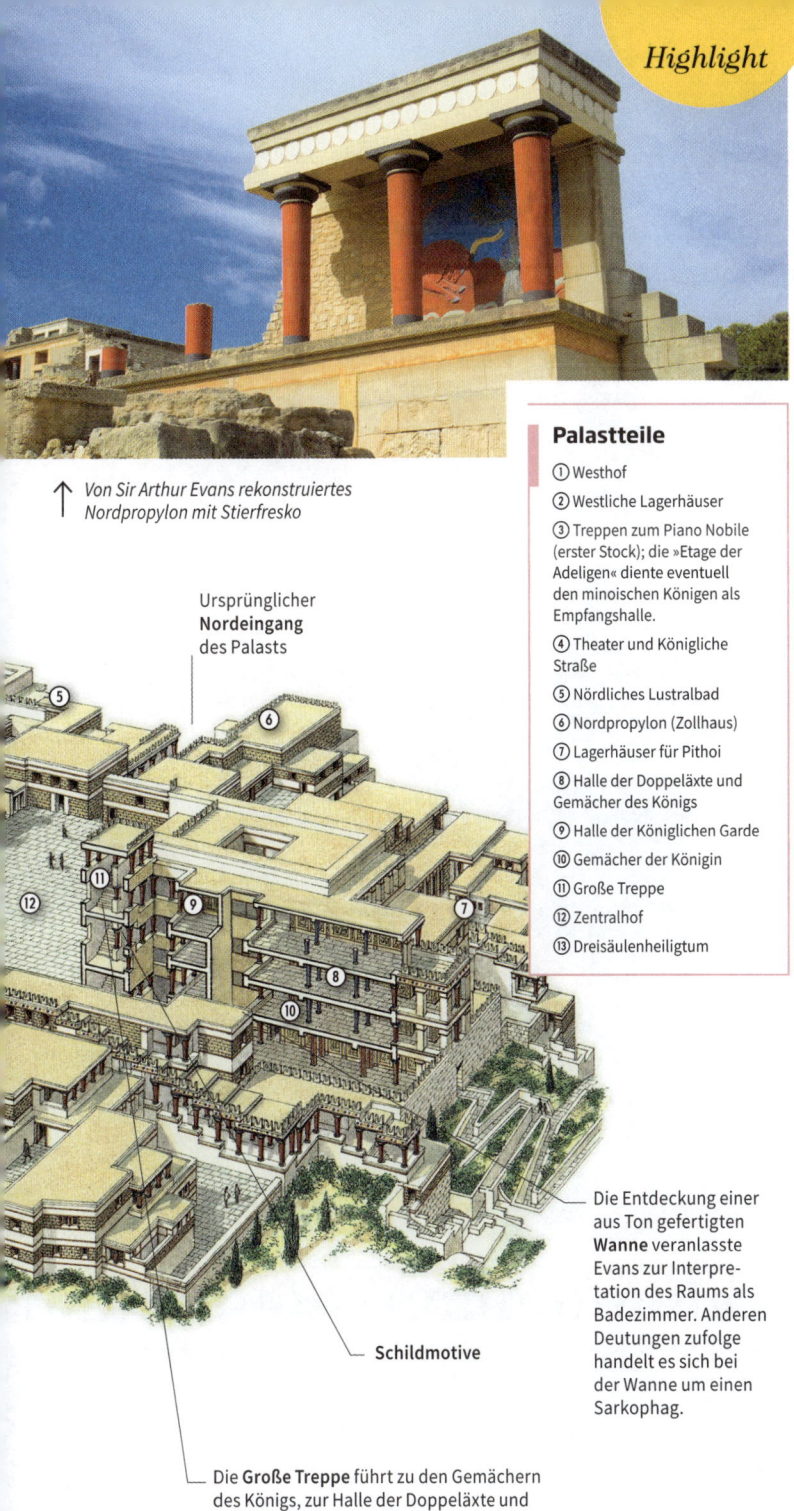

*Von Sir Arthur Evans rekonstruiertes
Nordpropylon mit Stierfresko*

Ursprünglicher
Nordeingang
des Palasts

Palastteile

① Westhof

② Westliche Lagerhäuser

③ Treppen zum Piano Nobile (erster Stock); die »Etage der Adeligen« diente eventuell den minoischen Königen als Empfangshalle.

④ Theater und Königliche Straße

⑤ Nördliches Lustralbad

⑥ Nordpropylon (Zollhaus)

⑦ Lagerhäuser für Pithoi

⑧ Halle der Doppeläxte und Gemächer des Königs

⑨ Halle der Königlichen Garde

⑩ Gemächer der Königin

⑪ Große Treppe

⑫ Zentralhof

⑬ Dreisäulenheiligtum

Die Entdeckung einer aus Ton gefertigten **Wanne** veranlasste Evans zur Interpretation des Raums als Badezimmer. Anderen Deutungen zufolge handelt es sich bei der Wanne um einen Sarkophag.

Schildmotive

Die **Große Treppe** führt zu den Gemächern des Königs, zur Halle der Doppeläxte und zu den Gemächern der Königin.

Stiersprungfresko: Die umstrittene Rekonstruktion von Sir Arthur Evans basiert auf wenigen Bruchstücken und zeigt die drei Phasen eines Saltos über einen Stier; beim Stiersprung handelt es sich mutmaßlich um eine kultische akrobatische Übung der Minoer

Palast von Knossos: Rundgang

Sir Arthur Evans ließ bei der Rekonstruktion des Palasts von Knossos seiner Fantasie oft freien Lauf – mit negativen Konsequenzen für die wissenschaftliche Erforschung der Anlage. Für Besucher sind die wiederhergestellten Gebäude mit farbenfrohen Fresken jedoch überaus anschaulich. Die Fresken sind Kopien, die Originale sind im Archäologischen Museum in Iraklio *(siehe S. 92f)* ausgestellt.

In der Nähe des Südeingangs wurden Kulthörner platziert

Rund um das Südpropylon

Man betritt das Gelände über den **Westhof**, den eine Büste von Sir Arthur Evans ziert. Die drei runden gemauerten Gruben *(kouloures)* auf der linken Seite dienten vermutlich als Getreidespeicher oder als Opferstätten. In den **westlichen Lagerhäusern** wurden Pithoi entdeckt – die großen Vorratsgefäße dienten der Aufbewahrung von Öl, Oliven Getreide und Wein.

Die Wände des südlich gelegenen **Prozessionskorridors** schmückten zwei Freskenreihen mit lebensgroßen Darstellungen von Männern, die vermutlichen Opfergaben trugen. Kopien der Fresken sind am **Südpropylon** zu sehen. Nahe dem Südpropylon führt eine Treppe zum rekonstruierten **Piano Nobile**, in dem Evans die Staats- und Empfangsräume vermutete. Die in diesem Palastteil gefundenen Steinvasen dienten kultischen Zwecken und verweisen auf die religiöse Bedeutung des Palasts.

Die enge Verbindung von weltlicher und geistlicher Macht wird auch im **Thronsaal** deutlich: An den Raum, in dem ein Alabasterthron gefunden wurde, grenzt ein Lustralbad, das wahrscheinlich rituellen Reinigungen diente. Die im Thronsaal aufgefundenen Bruchstücke von Fresken wurden von Evans zu Darstellungen von Greifenwesen rekonstruiert.

Vom Thronsaal führt eine Treppe zum **Zentralhof**, der einst gepflastert und von mehrstöckigen Gebäuden umgeben war.

Königliche Gemächer

Die großen eleganten Räume, die an der Ostseite des Zentralhofs freigelegt wurden, wurden als königliche Gemächer interpretiert. Sie waren über die **Große Treppe** zu erreichen. Die Treppe geht von einem Lichthof aus, der ein typisches Element von minoischen Palästen war.

Die **Gemächer der Königin** waren mit einem Bad

Die Doppelaxt war ein heiliges Symbol

und einer Toilette mit Wasserspülung luxuriös ausgestattet. Die Räume und Flure waren mit Fresken verziert, die Blumen und Tiere zeigten. Sir Arthur Evans rekonstruierte im Badezimmer der Königin ein Fresko mit springenden Delfinen.

Die **Halle der Königlichen Garde**, die an die Gemächer der Königin grenzt, ist mit Schildmotiven verziert. Zu den Gemächern des Königs führt die **Halle der Doppeläxte**. Diese Bezeichnung wurde wegen der Doppelaxtsymbole gewählt, die in die Wände und Säulen eingeritzt waren. Doppeläxte waren bei den Minoern Kultgeräte, die vermutlich zur Opferung von Stieren verwendet wurden. Wahrscheinlich dienten sie Priesterinnen als zeremonielle Waffen und galten als heiliges Symbol der Fruchtbarkeit. In dem größten Raum der Gemächer des Königs, der durch Türreihen unterteilt werden konnte, wurden Relikte gefunden, die vermutlich zu einem Thron gehören. Deshalb wird davon ausgegangen, dass der Raum für Staatsgeschäfte genutzt wurde.

Nördlich und westlich des Zentralhofs

Die Durchgangshalle, die den nördlichen Eingang zum Zentralhof bildete, war mit figurativen Darstellungen geschmückt. Heute ist sie mit einem rekonstruierten Stierfresko versehen. Evans bezeichnete das **Nordpropylon** als Zollhaus, da er annahm, dass in dem Gebäude Waren inspiziert wurden.

Unmittelbar westlich führt eine restaurierte Treppe zum **nördlichen Lustralbad**. Die in diesem Bereich gefundenen Reste von Ölgefäßen deuten darauf hin, dass sich Besucher in diesem Becken reinigten und gesalbt wurden, bevor sie den Palast betraten.

Das weiter westlich gelegene Areal, in dem Stufenreihen im rechten Winkel zueinander angeordnet sind, wurde als **Theater** interpretiert, in dem etwa 500 Personen Platz fanden. Die Lage des Theaters am Ende der Königlichen Straße lässt vermuten, dass es für Empfangszeremonien von hochrangigen Besuchern genutzt wurde. Die **Königli-**che Straße führte vom Palast in die minoische Siedlung.

Nach der Zerstörung des Palasts in mykenischer Zeit wurde Knossos zwischen 1050 und 900 v. Chr. wieder besiedelt. Der Stadtstaat geriet erst unter makedonisch-griechische, dann unter römische Herrschaft. Die griechisch-römische Stadt befand sich in der Nähe des Palasts. Sie wurde teilweise freigelegt, ist für die Öffentlichkeit aber nicht zugänglich.

Stiersprung

Beim Stiersprung handelt es sich um eine von jungen Männern und Frauen durchgeführte akrobatische Übung, die aus bildlichen Darstellungen rekonstruiert wurde, die man an minoischen Stätten auf Fresken und Stempelsiegeln sowie in Form von Statuen fand. Die erhaltenen Abbildungen stammen überwiegend aus der Neupalastzeit und mehrheitlich aus Knossos. Angesichts der Verehrung des Stiers in der minoischen Kultur wurde der Stiersprung als rituelle Handlung interpretiert. Welchen Zweck die lebensgefährliche Übung erfüllte, ist nicht geklärt. Vielleicht handelte es sich um einen Initiationsritus, vielleicht dienten diejenigen, die beim Längssprung über den Stier ums Leben kamen, als Menschenopfer. In Relation zum Mythos um den Minotaurus halten es einige Forscher für möglich, dass in der Bronzezeit tatsächlich Jünglinge und Jungfrauen aus anderen Reichen als Tribute nach Kreta geschickt wurden, die dann am Stiersprung teilnehmen mussten.

Rhyton in Form eines Stierkopfs

Der Ablauf des Stiersprungs wurde von Sir Arthur Evans folgendermaßen rekonstruiert: Der Springer fasst den auf ihn zurasenden Stier am linken Horn. Da der Stier den Kopf in Abwehr nach oben reißt, wird der Springer in die Höhe geschleudert. Nach einem Salto landet der Springer auf dem Rücken des Tieres und springt von dort aus dem wartenden Fänger in die Arme.

Das von Sir Arthur Evans rekonstruierte Stiersprungfresko aus dem Palast von Knossos

Kretische Mythen

Die Ursprünge der griechischen Mythologie liegen teils auf Kreta. Die Geschichten wurden zwischen 800 und 500 v. Chr. erstmals schriftlich festgehalten und von Dichtern wie Hesiod und Herodot in Epen verarbeitet. Mit Kreta stehen die Geburt des Zeus *(siehe S. 130, 154)*, die Herrschaft von König Minos und der Minotaurus in Verbindung. Bis heute wird gerätselt, wo sich das Labyrinth befunden haben könnte, das Inspiration für das in den Mythen beschriebene Gefängnis des Minotaurus war. Sir Arthur Evans benannte die Kultur, die den von ihm entdeckten Palast von Knossos *(siehe S. 98–105)* erbaute, nach König Minos.

Zeus und Europa
Als Zeus Europa am Strand von Sidon tanzen sieht, verliebt er sich in die Tochter des phönizischen Königs. Da er den Zorn seiner Gattin Hera fürchtet, greift er zu einer List: Er verwandelt sich in einen Stier, mischt sich unter eine Herde, die sein Bote Hermes zusammentreibt, und entführt Europa auf seinem Rücken. In Matala bringt er sie an Land und verwandelt sich zurück. Zeus zeugt mit Europa drei Kinder.

König Minos
Minos, einer der drei Söhne von Zeus und Europa, bittet Poseidon um Hilfe beim Kampf um den kretischen Königsthron. Der Meeresgott sendet Minos einen Stier als Zeichen der Legitimation seiner Macht. Begeistert von dem prächtigen Stier, bricht Minos die Vereinbarung, Poseidon das Tier zu opfern. Zur Strafe lässt der Meeresgott Minos' Gattin Pasiphae in Liebe zu dem Stier entbrennen. Pasiphae gebiert als Frucht dieser Vereinigung den menschenfressenden Minotaurus.

Theseus und Ariadne
Nach der Tötung seines Sohns durch den König von Athen siegt König Minos in einem Rachefeldzug. Er erlegt Athen den Tribut auf, alle neun Jahre sieben Jungfrauen und Jünglinge als Opfer für den Minotaurus schicken. Dem Athener Königssohn Theseus gelingt es mithilfe von Minos' Tochter Ariadne, den Minotaurus zu töten: Er erhält von Ariadne einen Faden, den er auf dem Weg ins Labyrinth abwickelt und zurückverfolgen kann.

Minotaurus

König Minos beauftragt den brillanten Baumeister Daidalos, ein Gefängnis für den Minotaurus zu errichten. Daidalos war aus Athen verbannt worden, nachdem er seinen Neffen aus Eifersucht auf dessen Einfallsreichtum getötet hatte, und hatte bei König Minos Asyl gefunden. Das Labyrinth, das er zur Verwahrung des grausamen Mischwesens aus Mensch und Stier entwirft, ist so diffizil konstruiert, dass er selbst kaum den Weg ins Freie findet, nachdem er sein Werk vollendet hat.

Talos

Den bronzenen Riesen Talos, der dank einer vom Kopf bis zur Ferse reichenden Blutader lebendig ist, bringt Zeus zum Schutz der Europa nach Kreta. Talos umrundet die Insel dreimal am Tag. Er bewirft fremde Schiffe mit Steinen und tötet landende Angreifer, indem er sie, zur Rotglut erhitzt, umarmt. Als ihm Medea Unsterblichkeit verspricht, zieht Talos den Pfropfen aus seiner Ferse und verblutet.

Quadratisches Labyrinth

Rundes Labyrinth

Das kretische Labyrinth

Die Herkunft des Worts »Labyrinth« ist nicht bekannt. Vielleicht wurde der Palast von Knossos mit den vielen Gängen in der Antike nach den Verzierungen mit Doppeläxten *(labrys)* als »Haus der Doppeläxte« *(labyrinth)* bezeichnet. Die älteste Darstellung eines Labyrinths findet sich auf einer Tontafel (um 1200 v. Chr.) aus dem mykenischen Pylos. Später zierten Labyrinthe römische Mosaiken, im Mittelalter waren sie christliches Symbol für den Weg zur Erlösung. Die Urform des Labyrinths, auch »kretisches Labyrinth« genannt, besteht aus sieben umlaufenden Gängen. Labyrinthe wurden zu Irrgärten erweitert. Die Mythologie beschreibt bereits Daidalos' Labyrinth als überaus komplexe Konstruktion.

Daidalos und Ikaros

Daidalos zeigt Ariadne, wie man mithilfe eines Fadens aus dem Labyrinth herausfindet. Darüber erzürnt hält König Minos Daidalos und dessen Sohn Ikaros auf Kreta gefangen. Daidalos fertigt Flügel aus Vogelfedern und Kerzenwachs und fliegt mit seinem Sohn davon. Als der übermütige Ikaros der Sonne zu nahe kommt, schmilzt das Wachs in seinen Flügeln und er stürzt in den Tod.

Der Hafen im Stadtteil Limenas Chersonissou existiert seit der Zeit der römischen Herrschaft

SEHENSWÜRDIGKEITEN

❸

Chersonissos
Χερσόνησος

 J4 ⌂ Iraklio 🚌 🚠 3200
W hersonissos.gr

Chersonissos bietet schöne Strände und ein quirliges Nachtleben. In dem Stadtteil Limenas Chersonissou, einst ein Fischerdorf, kann man römische Ruinen und frühchristliche Mosaiken bewundern. Im Freilichtmuseum **Lychnostatis** kann man dem traditionellen Leben auf Kreta nachspüren. In der Nähe der Stadt bezaubern die Dörfer Ano Chersonissos, Piskopiano und Koutouloufari mit alten Häusern und gemütlichen Tavernen mit Meerblick.

Umgebung: Die Tropfsteinhöhle Agia Paraskevi in Skotino, 23 Kilometer südwestlich von Chersonissos, diente ab der Steinzeit als Kultstätte. Möglicherweise war sie Vorbild für die Beschreibung des Labyrinths des Minotaurus *(siehe S. 106f)* in den Mythen.

Lychnostatis
⊗⊗⊗⊛⊛ ⌂ Thesi Plaka
🕐 So – Fr 9 –14 📞 +30 28970 23660 W lychnostatis.gr

❹

Malia
Μάλια

A J5 ⌂ Iraklio 🚌 🚠 3200
W hersonissos.gr

Das historische Zentrum des Ferienorts an der Südküste liegt südlich der Hauptstraße. Drei Kilometer östlich befinden sich die Ruinen des minoischen **Palasts von Malia.**

Palast von Malia
⊗⊗⊗ ⌂ Str. nach A. Nikolaos 📞 +30 28970 31597
🕐 Jan – März: Di – So 8:30 – 15:30; Apr – Dez: tägl. 8 – 20

Sonnenuntergang an der Küste

CretAquarium

J3 **Ehemalige US-Militärbasis, Gournes (nahe Kato Gouves)** **+30 28103 37788** **Apr – Okt: tägl. 9:30 –19; Nov – März: tägl. 9:30 –16** **cretaquarium.gr**

Vor dem Gebäude ist ein kleines Forschungs-U-Boot ausgestellt, über dem Eingang befindet sich eine Skulptur eines Riesenkraken. Das CretAquarium, das die Unterwasserwelt des Mittelmeers präsentiert, zählt zu den größten Aquarien Europas. Mehr als 60 Becken, die mit 1,7 Millionen Litern Salzwasser gefüllt sind, beherbergen rund 2000 Meereslebewesen aus 200 Arten. Vom Seepferdchen bis zum Sandtigerhai, vom Clownfisch bis zum Großen Roten Drachenkopf, von der Seeanemone bis zur Unechten Karettschildkröte – der bunte Kosmos des Mittelmeers ist für Besucher überaus faszinierend.

Zackenbarsch
Weltweit gibt es 160 Arten von Zackenbarschen. Sie leben in der Regel als Einzelgänger in felsigen Bereichen und ernähren sich von Weichtieren, Fischen und Krebsen.

Sandtigerhai
Haie zählen im gesamten Mittelmeer zu den besonders gefährdeten Arten.

Rochen
Rochen gehören wie die Haie zu den Knorpelfischen. Sie lauern im Sand versteckt auf ihre Beute.

Unechte Karettschildkröte
Die Reptilien werden über 100 Kilogramm schwer und rund 50 Jahre alt. Sie orientieren sich mithilfe ihres Magnetsinns am Magnetfeld der Erde. Auf Kreta gibt es einige Strände, an denen sie Eier ablegen.

Seepferdchen
Bei diesen ungewöhnlichen Fischen werden die Männchen trächtig – sie tragen die Embryonen in einer Bauchtasche aus. Mit dem Schwanz halten sie sich an Pflanzen fest.

Über dem Eingang des Aquariums zeigt eine Skulptur einen Riesenkraken

❺
Archanes
Αρχάνες

🅰 K3 🏠 Iraklio 🚌 🏘 5000
🎋 Feier der Verklärung des Herrn mit Prozession auf den Giouchtas (5. / 6. Aug)

Die am Fuß des Giouchtas (811 m) gelegene Ortschaft war schon in minoischer Zeit besiedelt. Der Ortsteil Epano Archanes bezaubert nach einer preisgekrönten Renovierung mit Häusern im klassizistischen Stil. Die Kirche Kimisis tis Theotokou (1670), schlicht Panagia genannt, birgt wertvolle Ikonen. Am Hauptplatz locken Cafés und Tavernen. In der Kooperative im Zentrum der Ortschaft wird Wein aus der Region ausgeschenkt.

Umgebung: Da die Form des Höhenzugs den Konturen eines Gesichts ähnelt, hielt man in der Antike den Giouchtas für das Grab des Zeus. Die Aussicht von der Kirche Afendis Christos Metamorfosis auf dem Gipfel Afendis Christos, der »Nasenspitze«, ist grandios. Vom Fuß des Giouchtas führt ein schöner Weg durch die Knosano-Schlucht zum venezianischen Viadukt bei Agia Irini. 20 Kilometer südöstlich kann man in dem Dorf Thrapsano Töpfern bei der Arbeit zusehen.

Die Kirche Panagia in Archanes hat einen markanten Glockenturm

❻ ✍ 🗺 🖥 🏛 ♿
Gortys
Γόρτυς

🅰 L1 🏠 Iraklio 🚌 📞 +30 28920 31144 🕐 Sommer: tägl. 8–20 (Sep, Okt: bis Sonnenuntergang); Winter: tägl. 8:30–17 🔒 Feiertage 🌐 odysseus.culture.gr

Gortys blühte zur Zeit der dorischen Stadtstaaten (6. Jh. v. Chr.) auf. Ab 69 v. Chr. war es römische Provinzhauptstadt, im 1. Jahrhundert Zentrum der Christianisierung. An der Stätte sind Tempel- und Palastruinen sowie Tafeln des Stadtrechts (5. Jh. v. Chr.) zu sehen. Der Mythologie zufolge zeugte in Gortys Zeus mit Europa König Minos.

❼
Mires
Μοίρες

🅰 F10 🏠 Iraklio 🚌 🏘 6500 🍴 Sa

Die vom Tourismus weitgehend unberührte Stadt hat authentisches Flair. Der samstägliche Wochenmarkt ist der größte in der Region.

Umgebung: 15 Kilometer nördlich liegt das Dorf Zaros am Votomos-See. Am Seeufer servieren Tavernen Forellen. In der Nähe liegt der Eingang zur Rouvas-Schlucht *(siehe S. 34)*. Das 35 Kilometer entfernte Lendas bietet schöne Strände und Relikte eines Asklepios-Heiligtums.

Venezianischer Aquädukt (17. Jh.) bei Agia Irini zwischen Knossos und Archanes

Wein

Auf Kreta wird seit minoischer Zeit Wein angebaut. Die Weinpresse an der minoischen Stätte Vathypetro bei Archanes gilt als eine der ältesten der Welt. Das Stadtrecht von Gortys beschäftigte sich auch mit dem Weinbau. Der Genuss von Wein, vor allem Rotwein, gehört auf Kreta zum Alltag. Viele Tavernen schenken Weine aus eigenem Anbau aus. Seit einigen Jahren werden auf Kreta vermehrt autochthone Rebsorten angebaut, der Anbau von Qualitäts- und Bio-Weinen wird gefördert. Der Erfolg gibt Kretas Winzern recht: Ihre Erzeugnisse werden inzwischen häufig mit internationalen Preisen ausgezeichnet.

Rebsorten
Auf der Insel Kreta gedeihen elf autochthone Sorten: Dafni, Kotsifali, Liatiko, Malvazia, Mandilari, Plyto, Romeiko, Spino-Muscat, Thrapsathiri, Vilana und Vidiano.

Weingüter

Boutari
Ⓐ J3 ⌂ Skalani, Iraklio
☎ +30 28107 31617
Ⓦ boutari.gr

Lyrarakis
Ⓐ K3 ⌂ Alagni, Iraklio
☎ +30 28103 36648
Ⓦ lyrarakis.com

Douloufakis
Ⓐ K2 ⌂ Dafnes, Iraklio
☎ +30 28107 92017
Ⓦ douloufakis.wine

Dourakis
Ⓐ C6 ⌂ Alikampos, Apokoronas, Chania
☎ +30 28250 51761
Ⓦ dourakiswinery.gr

Weinstöcke überziehen die Hügel Zentralkretas wie Perlenketten. In der Region Iraklio werden rund 80 Prozent des kretischen Weins produziert

Das Weingut Dourakis liegt in der Nähe der Lefka Ori (»Weißen Berge«) im Westen Zentralkretas. Es keltert auch autochthone Reben, z. B. Weißwein aus Vidiano-Trauben

Trauben
Die Mandilari-Traube verleiht Rotwein eine angenehme Säure und ein tanninreiches Aroma, die Kotsifali-Traube Würze und Süße.

❽

Matala

Μάταλα

🅐 F9 🄷 Iraklio 🚌 🚠 70
🎪 Matala Beach Festival
(Pfingsten) 🚹 🌐 visit
matala.com

Matala liegt in dem Gebiet, in
dem die Messara-Ebene an
der Südküste ausläuft, an
einer malerischen Bucht,
die zu beiden Seiten von
Sandsteinfelsen umrahmt
wird. Da man vom Sand- und
Kiesstrand direkt nach Westen
blickt, sind romantische Sonnenuntergänge garantiert.

In Matala ist die Erinnerung an die Zeit der Hippies lebendig

Laut der griechischen
Mythologie brachte Zeus bei
Matala Europa an Land *(siehe
S. 106)*, und Menelaos, der
König von Sparta, strandte
bei seiner Rückreise aus dem
Trojanischen Krieg in Matala.
In der Jungsteinzeit wurden
Wohnhöhlen in die Felsen an
der Bucht geschlagen. Dem
antiken Gortys *(siehe S. 110)*
diente die Bucht als Hafen.
Im 9. Jahrhundert landete
die Flotte des Sarazenen Abu
Hafs, der ganz Kreta eroberte,
in Matala. Die heutige Ort-
schaft wurde vor ca. 100 Jah-
ren als Fischerdorf gegründet.

In den 1960er Jahren sie-
delten sich in den Wohnhöhlen an der Bucht von Matala
zahlreiche Hippies an, darunter viele junge US-amerikanische Wehrdienstverweigerer,
die nicht in den Vietnamkrieg
ziehen wollten. Cat Stevens
und Bob Dylan waren in Matala, Joni Mitchell verweigte
den Ort in ihrem Song *Carey*.

Matala ist heute ein quir-
liger Ferienort und beliebtes
Ziel von Tagesausflügen. Seinen Charme hat das Dorf dennoch bewahrt. Die Hotels und
Pensionen liegen in dem Tal
außerhalb der Ortschaft. Den
Strand säumen Bars und Tavernen, an der Südspitze genießt man besonders schöne
Ausblicke.

An Pfingsten lockt das Matala Beach Festival mit Konzerten und anderen Attraktionen viele Besucher an.

Umgebung: 25 Gehminuten
südlich von Matala liegt der
rote Sandstrand Red Beach
(Kokkini Ammos). Der nördlich gelegene FKK-Strand Komos, den man zu Fuß in einer
Stunde erreicht, erstreckt sich
vor den Relikten des Hafens
von Phaestos *(siehe S. 116f)*.
Das an den Strand angrenzen-
de Dorf Kalamaki ist wesent-
lich ruhiger als Matala.

20 Kilometer südöstlich von
Matala liegen in der Bucht
Kali Limenes (»gute Häfen«)
schöne Strände, wenn auch
mit Blick auf eine Insel, an der
Schiffe betankt werden. Der
Überlieferung nach fand in
einer der Höhlen an der Bucht
der Apostel Paulus 59 v. Chr.
Unterschlupf. Es heißt, der
heilige Titos *(siehe S. 94)* kam
zusammen mit Paulus nach
Kreta. Die nahe gelegene
Agiofarango-Schlucht bietet
Kletterern ideales Terrain.

Von Matala fahren Boote zu
einsamen Buchten und Stränden. Beliebt sind auch Kajak-
touren.

Das exzellente **Ethnologi-
sche Museum** im rund 15 Kilometer von Matala entfernten Voroi informiert über das
traditionelle Leben auf Kreta
in den letzten 500 Jahren.

Ethnologisches Museum
🄷 Voroi Pirgiotissis 📞 +30
28920 91110 🕐 variierende
Öffnungszeiten 🌐 cretan
ethnologymuseum.gr

Street Painting gehört zum Programm des Matala Beach Festival

Höhlen von Matala

Die Höhlen an der Nordseite der Bucht von Matala wurden in der Jungsteinzeit in den Fels geschlagen und als Wohnstätten genutzt. Sie sind entlang der natürlichen Gesteinsschichtung in den weichen Sandstein gehauen und bisweilen im Inneren miteinander verbunden. Einige der geräumigen Höhlen haben eine Art Vorhalle, von der einzelne Kammern abgehen. In römischer und frühchristlicher Zeit wurden die Höhlen als Felsgräber genutzt. Man schlug in die Wände und Böden Nischen, in denen die Toten bestattet wurden. In den 1960er Jahren siedelten sich in den Höhlen von Matala Hippies aus aller Welt an.

Ende einer Ära

Auf Druck der Kirche löste das Militärregime 1970 die Hippie-Kolonie auf. Anschließend nutzten Rucksackurlauber die Höhlen und gingen achtlos mit der Umgebung um. Um weitere Schäden zu vermeiden, zäunte man die Höhlen als archäologische Stätte ein. Heute kann man sie nur tagsüber aufsuchen.

»Hippie-Hilton«
In den 1960er Jahren verbrachten Hippies in den Höhlen unbeschwerte Sommer. Sie gaben den Behausungen Namen, die größten und komfortabelsten Höhlen hießen z. B. »Hilton« oder »Globe«.

Strand von Matala
Der Strand von Matala bietet Blick auf die unbewohnten Paximadia-Inseln.

Expertentipp
Anubis am Red Beach

In den 1990er Jahren schuf ein Elsässer namens Gérard an den Felsen des Red Beach Skulpturen mit antiken griechischen und ägyptischen Motiven. Die meisten Werke wurden durch ein Erdbeben zerstört, eine Darstellung des ägyptischen Gottes Anubis ist jedoch verblieben.

Blick auf den Strand
Von den Terrassen vor den Höhlen überblickt man den Strand wie von Logenplätzen aus. In der Antike blickte man auf den Hafen, dessen Reste heute unter Wasser liegen.

Der venezianische Hafen von Iraklio (siehe S. 90)

Phaestos

Φαιστς

🅰 F9 🚌 🏠 60 km südwestl. von Iraklio
📞 +30 28920 42315 🕐 Sommer: tägl. 8–20;
Winter: tägl. 8–17 🎫 Feiertage 🌐 odysseus.culture.gr

Der Palast in der minoischen Siedlung war der zweitgrößte nach Knossos. Der erste Palast wurde um 1900 v. Chr. errichtet und um 1700 v. Chr. durch ein Erdbeben zerstört. Der zweite Palast, mit dessen Bau um 1600 v. Chr. begonnen wurde, wurde um 1450 v. Chr. aus unbekannten Gründen zerstört. Phaestos blieb als Kultstätte und Siedlung erhalten und wurde um 750 v.Chr. Stadtstaat (Polis). Im 2. Jahrhundert v. Chr. wurde Phaestos von dem rivalisierenden Stadtstaat Gortys *(siehe S. 110)* unterworfen.

(siehe S. 110)

Schon gewusst?

Zwei Kilometer von Phaestos entfernt liegt die minoische Stätte Agia Triada.

Palastteile

① Kouloures. Die gemauerten Gruben (um 1900 v. Chr.) dienten der Aufbewahrung von Vorräten.

② Westhof und Theater (um 1900 v. Chr.). Von den Bänken an der Nordseite verfolgte man Rituale und Zeremonien.

③ Heiligtum des ersten Palasts

④ Nordhof

⑤ Westpropylon. Der Säulenhof zeigt Spuren eines früheren Bauwerks aus der Vorpalastzeit (3500–1900 v. Chr.).

⑥ Im Archiv wurden Behälter aus Lehmziegeln und der Diskos von Phaestos entdeckt.

⑦ Nordöstlicher Palastteil

⑧ Werkstätten

⑨ In der Haupthalle fand man Tonsiegel (1900 v. Chr.).

⑩ Lagerräume

⑪ Reste des ersten Palasts (um 1900 v. Chr.) stehen im Südosten.

⑫ Ein hellenistischer Tempel zeigt, dass der Ort in nachminoischer Zeit bewohnt war.

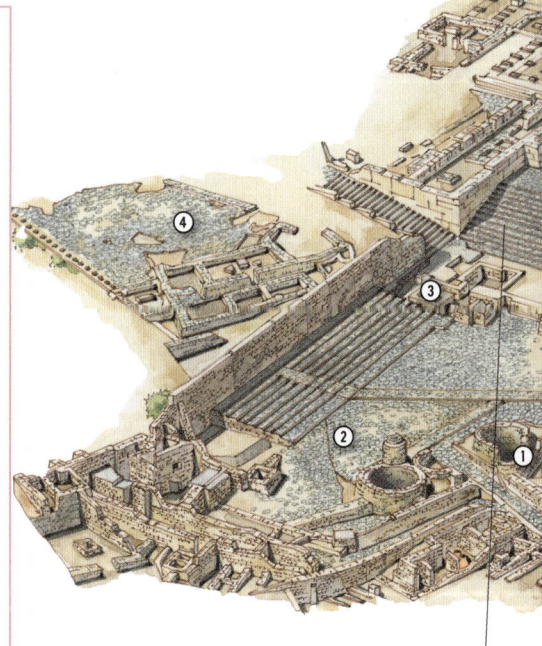

Die **Freitreppe** bildete den Haupteingang zum Palast. Sie führte zu einem Propylon und einem Lichthof mit Säulen.

Diskos von Phaestos

Die Tonscheibe wurde 1903 entdeckt und befindet sich heute im Archäologischen Museum in Iraklio *(siehe S. 92f)*. Sie hat einen Durchmesser von 16 Zentimetern und ist beidseitig mit von innen nach außen verlaufenden Spiralen mit Bildsymbolen (Stempeleindrucke) versehen. Ursprung und Bedeutung des Diskos von Phaestos sind weitgehend unklar.

(siehe S. 92f)

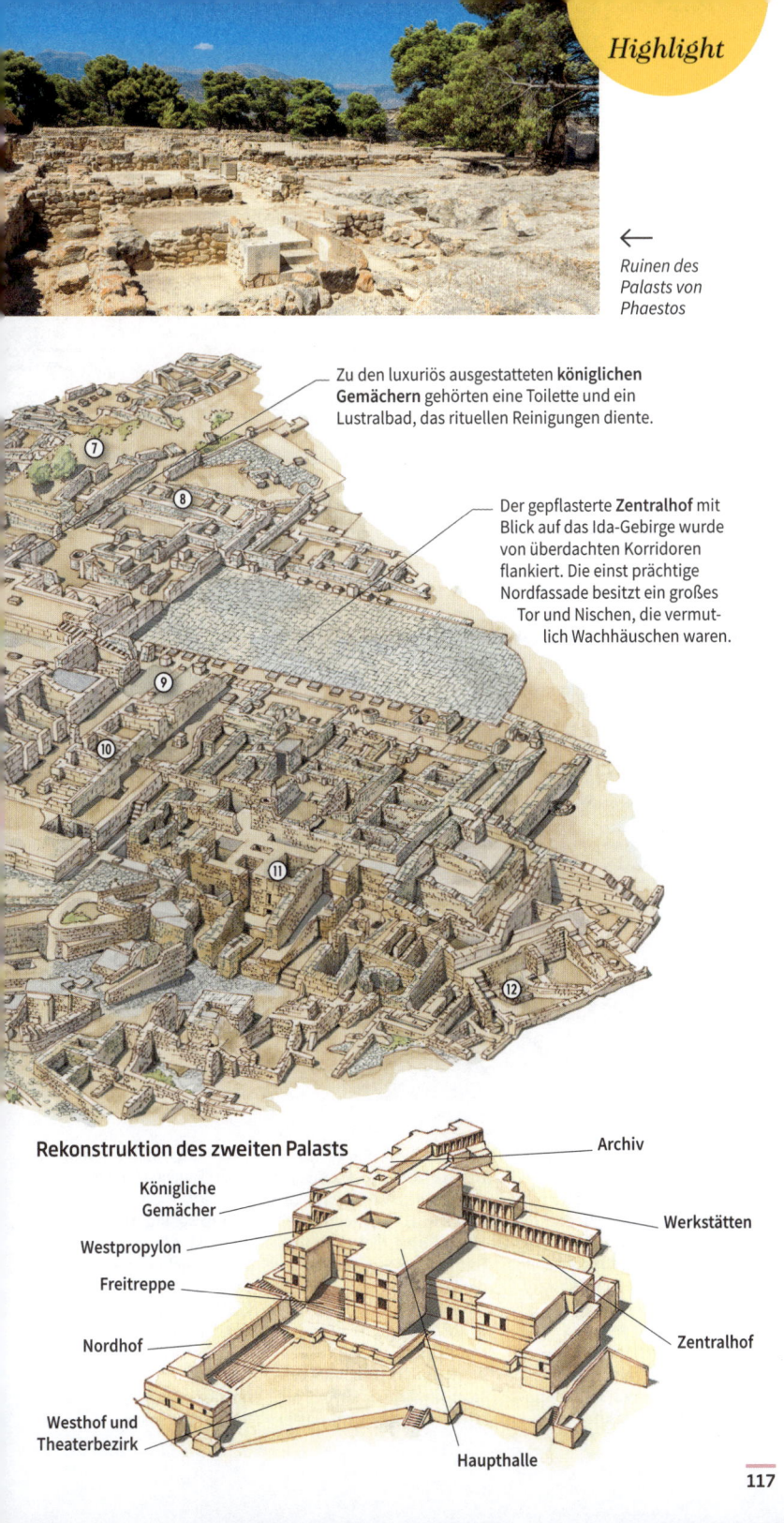

← *Ruinen des Palasts von Phaestos*

Zu den luxuriös ausgestatteten **königlichen Gemächern** gehörten eine Toilette und ein Lustralbad, das rituellen Reinigungen diente.

Der gepflasterte **Zentralhof** mit Blick auf das Ida-Gebirge wurde von überdachten Korridoren flankiert. Die einst prächtige Nordfassade besitzt ein großes Tor und Nischen, die vermutlich Wachhäuschen waren.

⑦ ⑧ ⑨ ⑩ ⑪ ⑫

Rekonstruktion des zweiten Palasts

Königliche Gemächer

Westpropylon

Freitreppe

Nordhof

Westhof und Theaterbezirk

Archiv

Werkstätten

Zentralhof

Haupthalle

Die schönsten Strände Zentralkretas

Sanftes Wellenspiel in Türkis und Blau, von Felsen umrahmte kleine Buchten, weite Sandbogen mit bunten Schirmen und bequemen Liegen, rasanter Spaß auf dem Wasser, Wind in den Segeln, Partystimmung oder Entpannung für Familien – die Nordküste Zentralkretas bietet alle Möglichkeiten für einen gelungenen Strandurlaub. Abseits der Urlauberhochburgen sind ruhige Fleckchen zu finden. An der Südküste geht es beschaulicher zu. Das früher bei Hippies beliebte Matala bezaubert noch immer mit lässigem Flair. Den Strand von Lendas teilen sich Besucher rücksichtsvoll mit nistenden Meeresschildkröten.

Die Strände von Lendas nutzen Unechte Karettschkröten zur Eiablage – Urlauber sollten umsichtig s

Die Urlauberhochburg Chersonissos bietet Partys und Strandvergnügen

Timbaki ○

○ Pha

Matala ○
⑩

Kali
Lime

Matala bezaubert mit entspanntem Flair

① **Agia Pelagia** Familien schätzen das ruhige Wasser und die vielen Einrichtungen am Hauptstrand. Zu dem romantischen Strand Fylakes unterhalb des Kaps gelangt man zu Fuß durchs Wasser.

② **Mades** In dem Dorf mit Kiesstrand herrscht eine ruhige Atmosphäre. Im Wasser kann man über felsigem Untergrund gut schnorcheln.

③ **Pantanassa** Ein kleiner Hafen teilt den Kiesstrand in Hälften, das Wasser ist jedoch sehr klar. Zum Schnorcheln laden die westlich gelegenen Buchten des Strands Chelidoni ein.

④ **Kato Gouves** Der Sandstrand ist bequem über die von Bars und Restaurants gesäumte Küstenstraße zu erreichen. Mit seichtem Wasser

und Rettungsschwimmern ist er bei Familien beliebt.

⑤ **Kap Sarandaris** Am Kap Sarandaris liegt das beste Schnorchelrevier an diesem Küstenabschnitt. Eine kleine Kletterpartie führt zu einem Sandstrand in einer Bucht zwischen weißen Felsen und an tiefblauem Wasser. Dichter bevölkert sind die Buchten Richtung Chersonissos.

	①	②	③	④	⑤	⑥	⑦	⑧	⑨	⑩
Blaue Flagge	★	★		★	★	★				★
Sauberkeit	★	★	★	★	★	★	★	★	★	★
Ruhe			★					★	★	
Party						★	★			
Toiletten	★	★	★	★	★	★	★	★	★	★
Duschen	★	★		★	★	★	★	★	★	★
Liegen und Schirme	★	★	★	★		★	★	★	★	★
Rettungsschwimmer	★			★		★	★			★
Wassersport	★	★		★	★	★	★	★	★	★
Meeresschildkröten									★	
Gastro / Shopping	★	★	★	★	★	★	★	★	★	★
Kinderfreundlich	★	★		★		★	★			★
Rollstuhlgerecht							★			★
Glasbodenboote						★				
Parken	★	★	★	★	★	★	★	★		★

Schon gewusst?

Der Strand Pantanassa ist nach dem Kloster auf dem nahe gelegenen Hügel benannt.

In dem trubeligen Ferienort Malia erstreckt sich ein langer Sandstrand

⑥ Chersonissos Zusammen mit den Nachbarorten Stalis und Malia bildet Chersonissos eine Urlauberhochburg. Die Strände beiderseits des Hafens und der Star Beach Water Park bieten Sonne, Sand und Meer, Partys und Sport.

⑦ Malia Der lange Sandstrand von Malia ist bei jungen Urlaubern beliebt. Am von Dünen gesäumten ruhigeren Strand Potamos am Palast von Malia spenden Tamarisken Schatten.

⑧ Arvi Das für den Bananenanbau bekannte Dorf bietet ruhige Strände mit Sand und Kies. In der Nähe gibt es abgeschiedene Buchten.

⑨ Lendas Die Fahrt durch das Asterousia-Gebirge hinab zu dem Küstenort am Kap des »weinenden Löwen« ist ein Genuss. Am Strand von Lendas und in den benachbarten Buchten kann man die Ruhe und die Natur genießen.

⑩ Matala Die Höhlen in den Klippen an der Nordseite des Strands von Matala wurden in den 1960er Jahren von Hippies bewohnt. In dem Dorf herrscht heute noch eine lässige Atmosphäre.

Restaurants

Ob traditionelle kretische Küche – von vielfältigen *mezedes* bis hin zu zartem Zickleinbraten – oder internationale Gerichte, ob Seafood oder vegetarische Kost, das kulinarische Angebot in Zentralkreta ist groß. Die Bandbreite der Speiselokale reicht von vornehmen Restaurants bis zu traditionellen Tavernen. Die Inselhauptstadt Iraklio begeistert Foodies mir einer besonders lebhaften Gastroszene.

Restaurants in Iraklio

① Herb's Garden €€€
Moderne kretische Küche
Epimenidou 15, 71202
☎ +30 28103 34971
🌐 lato.gr
Der Name des eleganten Hotelrestaurants verweist auf die für die kretische Küche typischen Wildkräuter. Auf der Dachterrasse speist man bei wunderschöner Aussicht auf den venezianischen Hafen.

② Kouzeineri €€
Amerikanisch
Agiou Titou 30, 71202
☎ +30 28103 46452
🌐 kouzeineri.com
Das Steakhouse amerikanischen Stils serviert auch exzellente Burger. Highlight sind die Steaks vom Black-Angus-Rind. New York Cheescake und Apple Pie zählen zu den köstlichen Desserts.

③ Ligo Krasi Ligo Thalassa €
Seafood
Platia Mitsotaki 18, 71202
☎ +30 28103 00501
🌐 ligokrasiligothalassa.gr
In der Taverne am alten Hafen genießt man zum Blick auf die venezianische Festung leckere Fisch- und Fleischgerichte

④ Paralia €€
Seafood
Leof. S. Venizelou 5, 71202
☎ +30 28102 82475   ❄ Winter
🌐 paraliacrete.gr
Das Paralia gehört zu den besten Seafood-Lokalen in Iraklio. Die direkt am Meer gelegene Terrasse bietet Blick auf die venezianische Festung (Koules).

⑤ Parasties €€
Mediterran
Chandakos 81, 712 02
☎ +30 28102 25009
🌐 parastiescrete.gr
Das Wort *parasties* bezeichnet eine Variante der traditionellen kretischen Küche. Spezialität des modernen Restaurants sind Grillgerichte. Die Weinauswahl beinhaltet viele kretische Sorten. Auf der Terrasse weht eine angenehme Meeresbrise.

⑥ Erganos €
Kretisch
Georgiadou 5, 71305
☎ +30 28102 85629
Die authentische kretische Taverne bezaubert mit einer

geselligen Atmosphäre und traditionellen Gerichten wie Schnecken, Lammleber und Kalbsbries mit gegerillten Pilzen.

⑦ Peskesi €€
Kretisch
K. Charalambi 6 – 8, 71201
☎ +30 28102 88887
🌐 peskesicrete.gr
Das Restaurant befindet sich in einem bezaubernden historischen Gebäude. Gekocht wird nach uralten kretischen Rezepten. Die Zutaten stammen aus nachhaltigem Anbau. Das Angebot beinhaltet viele vegetarische Gerichte.

⑧ I Avli €
Kretisch
Smyrnis 31, 71201
☎ +30 28103 17784
Das nahe dem Bembo-Brunnen gelegene *mezedopoleio* bietet authentische kretische Küche in malerischem Ambiente – im Gastraum und auf der Terrasse.

Griechischer Bauernsalat

Keftedes *mit Tsatsiki*

Moussakas *in einer vegetarischen Variante*

⑨ Vranas €€
Seafood
Karterou 13, 71201
☎ +30 28102 88554
Das Seafood in der am Fisch-
markt gelegenen Taverne mit
rustikalem Ambiente ist sen-
sationell.

⑩ Athali €€
Kretisch
Kidonias 15, 71201
☎ +30 28152 00012
In der Mitte des gemütlichen,
im rustikalen Stil eingerichte-
ten Restaurants steht ein Grill,
an dem Lammfleisch auf traditionelle Art zubereitet wird
(antikristo). Auch die anderen
Fleischgerichte begeistern.

Kneipen, Bars und Clubs
① Capsis 360°
RoofTop Bar €€€
International
Platia Eleftherias 11, 71201
☎ +30 28103 43080-4
Ⓦ capsishotels.gr
Die Bar auf der Dachterrasse
des Hotels Capsis Astoria lockt
mit exzellenten Cocktails, feinen Gerichten und einem grandiosen Blick auf den Hafen.

② Mare €€
International
Leof. S. Venizelou, 71202
☎ +30 28102 41946
Ⓦ mare-cafe.gr
Das am Meer gelegene Café
serviert tagsüber Kaffee und
Snacks, abends Cocktails. Auf
der Terrasse genießt man den
Sonnenuntergang.

③ The Bitters Bar €
International
Idis 25, 71201
☎ +30 69810 33702
Die Bar nahe dem Morosini-
Brunnen ist im Stil der 1920er
Jahre eingerichtet. Es werden
exzellente Cocktails gemixt.

④ Kirkor €
Kretisch
Platia E. Venizelou 31, 71202
☎ +30 28102 42705
Wer morgens im Kirkor mit
Blick auf den Morosini-Brun-
nen Kaffee und eine süß ge-
füllte *bougatsa* (Gebäck aus
Filoteig) genießt, startet ty-
pisch kretisch in den Tag.

Beliebte Süßigkeit: baklava

⑤ Beer O'Clock €
International
Minotaurou 23, 71201
☎ +30 28103 44161
Ⓦ beeroclock.gr
Wie der Name verrät, wird in
dem »Rock Bistro« fast rund
um die Uhr Bier ausgeschenkt.
Das Angebot an griechischen
und internationalen Sorten ist
immens. Außerdem sind leckere Burger erhältlich.

⑥ Pagopoieion €€
International
Platia Agiou Titou 1, 71202
☎ +30 281022 1294
Ⓦ pagopoieion.gr
Die Bistro-Bar des in einer ehe-
maligen Eisfabrik ansässigen
Hotels bietet abends eine
große Auswahl an Drinks von
Cocktails bis Whiskey. Das
Speisenangebot reicht von
Fingerfood bis zu vollständigen
Mahlzeiten mit tollen Desserts.

⑦ Envy €€
International
Leof. S. Venizelou, 71202
☎ +30 28103 72763
Das am Meer gelegene Lokal ist
Restaurant, Café und Club. Es
lockt mit einem Pool, Palmen
und herrlicher Aussicht.

Restaurants außerhalb Iraklios
Almyra €€
Seafood
Strandpromenade, 71500 Agia Pelagia
☎ +30 28108 11388
Ⓦ almyracrete.gr
Das elegante Lokal serviert
köstliches Seafood, in der
Bar gibt es exellente Cock-
tails. Im Sommer sorgen
DJs für Stimmung.

Swell €€€
Griechisch
Hotel Knossos Beach, 71500 Kokkini Chani
☎ +30 28107 61000
Ⓦ knossosbeach.com
In dem Restaurant des direkt
am Strand gelegenen eleganten Hotels bietet der preisgekrönte Chefkoch Christoforos
Peskias innovative kretische
Küche. Auf der Weinkarte stehen edle kretische und internationale Sorten.

Taverna Esperos €€€
Griechisch
Evropis, 70014 Koutouloufari
☎ +30 28970 24840
Die Taverne in dem oberhalb
von Chersonissos gelegenen
beschaulichen Dorf verfügt
über eine Terrasse und eine
Dachterrasse. Sie begeistert
mit guter Küche zu modera-
ten Preisen, fantastischem
Meerblick und wunder-
barer Gastfreund-
schaft. Die Besitzer
sprechen auch
Deutsch.

Griechisches Bier

Shopping

In Iraklio lassen sich in den verkehrsberuhigten Straßen 25is Avgoustou und Daidalou sowie in der Odos Dikeosinis und deren Seitenstraßen Shopping und Sightseeing ideal miteinander verbinden. Unterwegs kann man sich in zahlreichen Restaurants und Cafés stärken. In der Marktstraße Odos 1866 schlendert man an Ständen vorbei, deren Angebot von Lebensmitteln bis zu Souvenirs reicht.

Spezialitäten und Souvenirs bei Nerium Oleander

Souvenirs

① Terra Mia ⓔ
Souvenirs
Meramvellou 25, 71202
☏ +30 69477 61709
Das in der Nähe des Archäologischen Museums gelegene Keramikstudio bietet schöne handgetöpferte Objekte an. Wer möchte, kann einen Kurs belegen und sich selbst handwerklich betätigen.

② Eleni Kastrinogianni ⓔⓔⓔ
Kunsthandwerk
Platia Eleftherias 1, 71202
☏ +30 28102 26186   🛒 So
Eleni Kastrinogianni fertigt hochwertige Repliken von antiken Artefakten und exquisite Kunsthandwerksprodukte an. Der Laden befindet sich gegenüber dem Archäologischen Museum.

③ Nerium Oleander ⓔ
Souvenirs
Sapoutie 6, 71202
☏ +30 28103 33206
In dem Laden neben dem Archäologischen Museum sind überaus geschmackvolle Souvenirs erhältlich.

Auch kretische Spezialitäten gehören zum Sortiment.

Schmuck

④ Kosmima ⓔⓔⓔ
Schmuck
Sapoutie 2, 71202
☏ +30 28111 17990   🛒 So
Der Familienbetrieb neben dem Archäologischen Museum bietet schönen handgefertigten Schmuck in traditionellen und modernen Designs.

Spezialitäten

⑤ Vassiliki's Votanopoleio ⓔ
Kräuter
Karterou 35, 71201
☏ +30 28102 44452   🛒 So
🌐 votanopoleio.gr
In den weißen Regalen in dem bezaubernden Laden stehen Päckchen mit Kräutern, für die Kreta berühmt ist. Zum Sortiment gehören auch Spezialitäten wie Tees, Olivenöl und Honig sowie Naturkosmetika.

Mode

⑥ Antonella ⓔⓔⓔ
Mode, Schuhe, Accessoires
1821 93, 71202
☏ +30 2810 229820
🌐 antonella.gr
Die Boutique bietet elegante, trendige Mode für Damen und Herren. Zum Sortiment gehören auch Schuhe von Sneakern bis Heels sowie Accessoires wie Taschen, Socken, Schals und Schmuck in klassischen und außergewöhnlichen Designs.

⑦ Inspira ⓔⓔ
Mode, Accessoires, Schmuck
Papa Alexandrou E 2, 71202
☏ +30 28103 35397
🌐 inspira.gr
»Griechische Kunst, die man tragen kann« lautet das Motto der von Danae und Dimitrios geführten kleinen Boutique (mit Filiale in Chania). Artefakte aus dem benachbarten Archäologischen Museum liefern die Inspiration für die Designs der Kleider, T-Shirts, Taschen und handgefertigten Schmuckstücke.

Außerhalb Iraklios

Bakaliko Crete ⓔ
Spezialitäten
Hauptplatz,
71409 Ano Archanes
☏ +30 69365 01765
🌐 bakalikocrete.com
In dem Spezialitätenladen finden auch Verkostungen von Weinen und Olivenöl statt. Zudem gibt es einen Restaurantbetrieb mit leichter Küche.

Repliken antiker Artefakte sind beliebte Souvenirs

Wellness

Spas mit einem großen Angebot an wohltuenden Behandlungen findet man vor allem in den großen Hotels an der Küste Zentralkretas. Besucher können sich aber auch in der Inselhauptstadt verwöhnen lassen. In Iraklio verfügen ebenfalls einige Hotels über attraktive Wellnessbereiche. Zudem bieten Studios Massagen und andere Behandlungen an.

Aegeo Spa Center

① Euphoria   €€
Spa
Daidalou 1, 71202
☎ +30 28970 24644
ⓦ euphoriaspa.gr

Das Wohlfühlprogramm beinhaltet Hydrotherapien, Liftings, Peelings und Massagen. Es gibt ein Dampfbad, einen Whirlpool und eine Sauna. Man kann die Anwendungen einzeln oder als Paket buchen. Paare haben die Option auf private Nutzung von Spa-Bereichen, beim VIP-Paket inklusive einer Flasche Sekt.

② Aegeo Spa Center   €€€
Spa
A. Papandreou 72, 71414
☎ +30 28102 64400   🕐 So
ⓦ candiamaris.gr

Nur wenige Kilometer vom Stadtzentrum Iraklios entfernt lässt das 4500 Quadratmeter große Spa im Candia Maris Resort keine Wellness-Wünsche offen. Direkt am Strand von Amoudara kann man sich hier wochenlang dem persönlichen Wohlbefinden widmen. Auch Tagesbesuche sind möglich –

man kann am Whirlpool oder im Hamam entspannen und aus mehr als 200 Anwendungen auswählen.

Außerhalb Iraklios
Seaside Resort & Spa   €€€
Spa
71500 Agia Pelagia
☎ +30 28108 11000
ⓦ seaside-hotel.gr

Das Seaside Resort & Spa liegt rund 25 Kilometer westlich von Iraklio oberhalb der Bucht, an der sich der Strand Mononaftis erstreckt. Zu der luxurösen Anlage gehören eine Sauna, ein Hamam und ein Indoorpool. Das Angebot reicht von kosmetischen Gesichts- und Ganzkörperbehandlungen bis zu Meeres- und Schokoladenpeelings. Eine Spezialität des Hauses sind warme Kräuterstempelmassagen zur Regenerierung der Haut.

VIP-Suite mit Privatpool im Seaside Resort & Spa

Unterhaltung

Wer Abwechslung vom Strandleben sucht, findet auf ganz Kreta Unterhaltungsmöglichkeiten – von Open-Air-Kinos über Wasserparks bis zu Kartbahnen und Minigolfplätzen.

Watercity Waterpark   €€
Wasserpark
Anopolis, 70008
☎ +30 28107 81317
ⓦ watercity.gr
🕐 Okt – Apr

Etwa 20 Minuten von Iraklios Stadtzentrum entfernt bietet Kretas größter Wasserpark Badespaß für die ganze Familie – mit wilden Fahrten auf der Kamikaze-, Black-Hole- oder Reifenrutsche und sanfteren Attraktionen.

Escape House   €€
Live Escape Games
Koziri 3, 71201 Iraklio
☎ +30 28103 41646
ⓦ escapehouse.gr

Im Escape House sind Spaß und Grusel garantiert: Teams von zwei bis sechs Personen ab 15 Jahren werden in einem Raum »eingesperrt« und müssen innerhalb von 60 Minuten mehrere Rätsel lösen, um ihrem »Gefängnis« zu entkommen. Zu den Räumen zählen

ein unheimliches Versuchslabor, eine Geisterstadt und ein geheimnisvolles unbewohntes Haus.

Labyrinth Theme Park   €
Themenpark
Straße Chersonissos – Kastelli, km 4, 70014
☎ +30 28970 29297
ⓦ labyrinthpark.gr

Der Vergnügungspark bietet Unterhaltung für einen ganzen Tag: Neben einem vom Palast von Knossos inspirierten Labyrinth gibt es ein Laser Maze sowie Quads für Kinder, eine Minigolf- und eine Bogenschießanlage, einen Streichelzoo und eine Töpferwerkstatt.

Ostkreta

Die Venezianer gaben der Bucht an der ostkretischen Nordküste, die von Mochlos bis zur Halbinsel Spinalonga reicht, den Namen Mirabello (»schöne Aussicht«). Heute genießen Besucher aus aller Welt den herrlichen Meerblick – in den Luxusresorts in Elounda oder in den Restaurants in Agios Nikolaos, dem Urlauberzentrum der Region, das sich an den Ufern des Voulismeni-Sees erstreckt.

Die Lasithi-Hochebene im Inselinneren prägen fruchtbare Felder, Obstbäume, historische Windräder und – bei Psychro – ein Ort, der mit der griechischen Mythologie in Verbindung steht: In der Diktäischen Höhle soll Zeus geboren worden sein.

Um das im Nordosten gelegene Sitia erstrecken sich Olivenhaine. Im äußersten Nordosten bezaubert der Palmenstrand von Vai.

Ierapetra liegt an der Südküste an der schmalsten Stelle Kretas: Die Nordküste ist nur zwölf Kilometer entfernt. Ierapetra ist die südlichste Stadt Europas.

Piräus ↑

Kythira ↑

Kretisches Meer

Halbinsel
Rodopou

Halbinsel
Akrotiri

Halbinsel
Gramvousa

Stavros

Moni Gouvernetou
Moni Agia Triada

Falasarna

Kolimvari

Maleme/
Tavronitis

Chania

Internationaler Flughafen
Chania »Ioannis Daskalogiannis«

Kastelli
Kissamou

Plataniani
899 m

Souda

Panormos

Bali

Platanos

Topolia

Alikianos

Mournies

Kalami

Vamos

Vathi

Elos

Spina

Kandanos

Georgioupoli

Rethymno

Perama

Amnatos

Margarites

Anogia

Sklavopula

Omalos-
Hochebene

Omalos

Kournas

Armeni

Moni
Arkadiou

Elafonisi

Anidri

Samaria

Lefka Ori

Angathes
1511 m

Amari

Westkreta
Seiten 142–173

Paleochora

Sougia

Agia
Roumeli

Loutro

Samaria-
Schlucht

Imbros-
Schlucht

Plakias

Preveli

Kamares

Zaros

Chora
Sfakion

Frango-
kastello

Agios Pavlos

Agia
Galini

Vori

Timbaki

Mires

**Mittelmeer
(Libysches Meer)**

Paximadia

Phaestos

Matala

Kali
Limenes

Lithinos

Gavdos

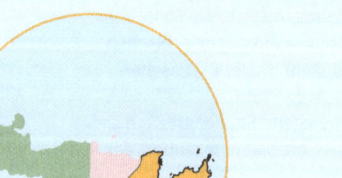

Ostkreta

Ostkreta

Highlight
5 Agios Nikolaos

Sehenswürdigkeiten
1 Lasithi-Hochebene
2 Diktäische Höhle
3 Elounda
4 Milatos
6 Kritsa
7 Gournia
8 Ierapetra
9 Sitia
10 Moni Toplou
11 Zakros
12 Palekastro
13 Makrigialos

↑ *Santorin,*
Anafi, Milos

Karpathos,
Kasos

Agia
Pelagia

Dia

Internationaler
Flughafen Iraklio
»Nikos Kazantzakis«

Fodele

IRAKLIO

Kato
Gouves

Chersonissos

Sisi

Milatos

4

Agios Georgios

Dragonada

Giannisada

Sideros

Elasa

Tylissos

Palast von
Knossos

Agna

Malia

Neapoli

E75

Spinalonga

3 Elounda

Sitia
9

Moni
Toplou
10

Vai

Archanes

Myrtia

Tzermiado

Lato

Agios
Nikolaos

5

Chamezi

Inlands-
flughafen
Sitia

Palekastro
12

1 Lasithi-
Hochebene

6 Kritsa

Mochlos

Zentralkreta
Seiten 82–123

2

Diktäische
Höhle

△ *Psari Madara*
2148 m

Dikti-Gebirge

Gournia
7

Chrysopigi

Ziros

Zakros

11

Kato
Zakros

Agia Varvara

Gortys

Marta

Ano Viannos

90

97

Koutsourias

Protoria

37

Agii
Deka

Achentrias

Nea Arvi

Sidonia

Myrtos

97

Ierapetra
8

Ferma

Makrigialos
13

Prasonisi

Messara-Ebene

Paranimfoi

Chrysi

Koufonisi

Mittelmeer
(Libysches Meer)

0 Kilometer   20

N ↑

Persönliche Favoriten

Ostkreta ist eine »Goldgrube« – in der Region wird in riesigen Mengen Olivenöl, Kretas flüssiges Gold, produziert. Aus der Vogelperspektive sehen die fruchtbaren Landstriche besonders reizvoll aus. Sportliche zieht es an die windumtosen Strände im äußersten Osten der Insel.

Freiheit hart am Wind: Kouremenos

Der äußerste Osten Kretas ist eine ursprüngliche, einsame Region, in der Individualisten ihr Strand- und Urlaubsglück finden – und Surfer den perfekten Wind.

Nordöstlich von Palekastro ist Kreta gering besiedelt. Die Straßen führen durch Olivenhaine zum Meer – und zu der fantastischen Bucht Kouremenos mit dem zwei Kilometer langen Sandstrand und glasklarem warmem Wasser. In der Bucht kann man im Schatten von Tamarisken zur Ruhe kommen – oder beim Windsurfen Tempo aufnehmen.

Die nach Lee abgeschlossene Bucht bietet Windsurfern ideale Bedingungen. Der Meltemi weht in den Sommermonaten konstant von Norden her. Vor dem Strand gibt es Flachwasser, weiter draußen Wellen zum Springen sowie in der unmittelbaren Umgebung Spots für Freestyler und anspruchsvolle Wavespots. Gone Surfing bietet für alle Leistungsstufen Kurse im Windsurfen und Foilen an. Bei dem Anbieter kann man auch die erforderliche Ausrüstung leihen.

Gone Surfing Crete
⌂ Kouremenos, Plakopoules   ☎ +30 69414 27787
🕐 tägl.   🌐 gonesurfing.gr/de

Atemberaubendes Sightseeing: Heliflüge

Ostkreta aus der Vogelperspektive zu betrachten, ist ein grandioses Erlebnis. In Chersonissos kann man mit dem Hubschrauber abheben und die Region von Küste zu Küste entdecken.

Einsteigen, Headset aufsetzen, noch einmal kurz durchatmen, und schon beginnen die Rotoren zu kreisen. Das mulmige Gefühl, das sich beim Abheben des Hubschraubers vielleicht einstellt, ist dank der herrlichen Aussicht schnell vergessen. Aus luftiger Höhe genießt man den Blick auf die Halbinsel Spinalonga, die Lasithi-Hochebene, das Dikti-Gebirge und die Buchten an der Südküste.

HeliAlpha Helicopter Services
⌂ Anapafseos 1, 70014 Chersonissos
☎ +30 69742 71193   🕐 Mai – Okt   🌐 helialpha.com

»Flüssiges Gold«: Olivenkunde

In Ostkreta gibt es zahlreiche Olivenplantagen, die Region zählt zu den größten Olivenöl-produzenten Griechenlands. Besucher können vor Ort interessante Einblicke gewinnen.

Die Kreter verbrauchen im Durchschnitt pro Kopf und Jahr rund 30 Liter Olivenöl. Auf der sonnenverwöhnten Insel wachsen gut 30 Millionen Olivenbäume. Oliven und Olivenöl sind unverzichtbare Zutaten der kretischen Küche und mit der Kultur der Insel untrennbar verbunden.

Das Wissen um die Kultivierung der Bäume wird auf Kreta seit Jahrtausenden tradiert, die Qualität der Produkte ist exzellent. Wer auf anschauliche Art erfahren möchte, wie das »flüssige Gold« in die Flasche kommt, kann auf ganz Kreta Olivenplantagen und Ölmühlen besichtigen – natürlich mit Verkostung, denn wie Wein hat jedes Olivenöl einen eigenen Charakter, der von den verwendeten Oliven und anderen Faktoren abhängt. Am Stadtrand von Neapoli bietet der Traditionsbetrieb Vassilakis Estate interessante Führungen über die Plantage und durch die moderne Mühle an.

Vassilakis Estate
🏠 Gerania, 72400 Neapoli 📞 +30 28410 33653
🕐 tägl. 9–19 🌐 vassilakisestate.gr

Olivenernte im Herbst

Olivenöle von Vassilakis Estate

Sanfter Flug zwischen Bergen und Meer

Über der Lasithi-Hochebene kann man es Adlern und Bartgeiern gleichtun und ohne Motorenanatrieb durch die Lüfte schweben.

Mit den zahlreichen zerklüfteten Höhenzügen, die sich mancherorts bis zur Küste ziehen, bietet Kreta Paraglidern gute Bedingungen. Bequeme Anfahrten per Seilbahn zu den Startplätzen gibt es auf der Insel allerdings nicht. Die guten Fluggebiete sind in der Regel nur mithilfe von einheimischen Anbietern erreichbar.

An der Nordküste genießt man von Milatos und Plaka aus beim Gleitschirmfliegen den weiten Blick über das Meer. Besonders reizvoll sind Flüge von den Bergen rund um die fruchtbare Lasithi-Hochebene, auf der zahllose Felder ein von Obstbäumen getüpfeltes Schachbrettmuster zeichnen.

Grigoris Thomakakis veranstaltet Flüge über der Lasithi-Hochebene. Er bietet auch Tandemflüge an. Der mehrsprachige Pilot weiß genau, wo sich die besten Plätze zum Gleitschirmfliegen befinden.

Paragliding Grigoris Thomakakis
🏠 Avdou 📞 +30 69774 66900

Fliegen wie ein Adler: Paragliding

Tropfsteinformationen in der Diktäischen Höhle bei Psychro

SEHENSWÜRDIGKEITEN

❶
Lasithi-Hochebene
Οροπέδιο Λασιθίου

🅰 K5 🏠 Lasithi 🚌 🎪 Kartoffelfest in Tzermiado (Aug)

Die fruchtbare Ebene liegt auf durchschnittlich 830 Metern Höhe. Im Norden ist Krasi ein guter Startpunkt für Ausflüge. In dem Bergdorf stehen die größte Platane Kretas (sie ist etwa 2000 Jahre alt) und ein venezianischer Brunnen mit Quellwasser. Das nahe Moni Kera birgt eine wundertätige Marienikone. Der 900 Meter hohe Pass von Ambelos im Norden bietet tolle Ausblicke. In den Dörfern an der 20 Kilometer langen Straße, die um die Ebene führt, locken Tavernen sowie Keramik- und Webwarenläden. Die Ebene mit den umliegenden Kalksteinbergen und der Chavga-Schlucht bei Agios Konstantinos ist ideales Wandergebiet.

❷ 🚴 Ⓜ 🖥 🛍
Diktäische Höhle
Δικταίο άντρο

🅰 K5 🏠 Lasithi 🚌 📞 +30 28410 22462 🕐 tägl. 8–20 (Winter: bis 15) 🆆 odysseus.culture.gr

Die Tropfsteinhöhle nahe Psychro war eine bedeutende minoische Kultstätte. Der Mythologie nach wurde Zeus in der Höhle geboren und später in der Idäischen Grotte *(siehe S. 154)* versteckt. Zur Diktäische Höhle gelangt man vom Parkplatz aus in 20 Minuten zu Fuß oder auf Maultieren.

❸
Elounda
Ελούντα

🅰 J6 🏠 Lasithi 🚌 🖼 2200 🚢 Fr

Die antike Siedlung Olous war eine wichtige Hafenstadt. Die heutige Ortschaft prägen Luxusresorts. Zwischen Elounda und Plaka liegen kleine Strände. Von beiden Orten fahren Boote zu der befestigten Insel Spinalonga *(siehe S. 133)*.

❹
Milatos
Μίλατος

🅰 J5 🏠 Lasithi 🚌 🖼 300

Das Fischerdorf existiert seit 3000 Jahren. Der Ortsteil Paralia Milatou am Hafen bietet einen Strand mit Tavernen, der denkmalgeschützte Ortsteil Epano Milatou liegt landeinwärts. In der Nähe befindet sich die Höhle von Milatos *(siehe S. 133)*.

Felder und Obstbäume prägen die Lasithi-Hochebene, eine der fruchtbarsten Regionen Kretas

Windmühlen und Windräder

Auf der Lasithi-Hochebene drehten sich früher Tausende leinenbespannte Windräder. Damit sie nicht durch starke Winde zu Schaden kamen, wurden die Tücher täglich aufgespannt und wieder abgenommen. Die Windräder, die das Wasser aus dem karstigen Untergrund nach oben pumpten, wurden zum Großteil durch Dieselpumpen ersetzt. Von den Wahrzeichen der Lasithi-Hochebene sind oft nur verrostete Gerippe verblieben. Bis auf wenige restaurierte Exemplare sind auch die gemauerten Windmühlen verfallen, in denen einst Getreide gemahlen wurde.

Schon gewusst?

Es gibt Bestrebungen, die Windräder auf der Lasithi-Hochebene zu restaurieren.

Mühlen und Räder

Pass von Ambelos
🅰 K5 24 Windmühlen

Lasithi-Hochebene
🅰 K5 Windmühlen und Windräder

Spinalonga
🅰 J7 Mühlen am Damm

Vrouchas
🅰 J6 Mühlen am Ortseingang; werden derzeit restauriert

Homo Sapiens Museum
⊛ 🅰 K5 Ano Kera; bei Krasi

Von den Windrädern auf der Lasithi-Hochebene sind nur noch ein paar Dutzend intakt. Heute wird mithilfe von Dieselpumpen Wasser an die Oberfläche befördert – ein Vorteil angesichts des gesunkenen Grundwasserspiegels.

Windräder dienen heute auf Kreta zur Stromerzeugung. Wie einst die Windmühlen treibt sie vor allem der Meltemi an.

Gemauerte Windmühlen wie diese in Psychro stehen an Orten, an denen der Wind meist aus einer Richtung weht.

Die Windmühlen am Pass von Ambelos stammen aus venezianischer Zeit. Von den 24 Mühlen am nördlichen »Tor« zur Lasithi-Hochebene wurden zwei renoviert.

⑤

Agios Nikolaos

Άγιος Νικόλαος

🄰 K6 🝙 11 000 🚌 💾 ℹ️ Akti Koundourou 22
📞 +30 28410 22357 📶 Mi 🎭 Kulturfestival Lato
(Juli) 🆆 agiosnikolaoscrete.com

Der moderne Urlaubsort ist an der Bucht von Mirabello wunderschön gelegen. Die Häuser umgeben den nahezu kreisrunden Voulismeni-See, der durch einen Kanal mit dem Meer verbunden ist. Laut der griechischen Mythologie nahmen Athene und Artemis ein Bad in dem See. Agios Nikolaos besitzt einen Hafen, in dem Kreuzfahrtschiffe anlegen, und einen Yachthafen. Im Stadtzentrum laden hübsche Läden zum Stöbern ein. Badespaß bieten die nahe gelegenen Sand- und Kiesstrände, die mit der Blauen Flagge ausgezeichnet sind.

Die Kirche Agios Nikolaos

① Volkskundemuseum

🏠 Odos K. Paleologou 1
📞 +30 28410 25093
🕐 tägl. 14–18:30

In dem kleinen Museum sind u. a. Trachten, Webarbeiten und Musikinstrumente ausgestellt.

② Städtische Kunstgalerie

🏠 Odos 28 Oktovriou 📞 +30 28410 89513 🕐 variierende Öffnungszeiten

Die in einem klassizistischen Gebäude ansässige Galerie zeigt in wechselnden Ausstellungen moderne Kunst, Fotografie und Design.

③ Archäologisches Museum

🏠 Odos K. Paleologou 41
📞 +30 28410 24943
🕐 tägl. 8–15

Das Museum präsentiert bedeutende Funde aus Ostkreta, darunter Goldschmuck sowie Keramiken von der Jungsteinzeit bis zur griechisch-römischen Epoche. Zu den Highlights gehört die »Göttin von Myrtos«, ein frühminoisches Tongefäß in Form einer Frauenfigur. Wegen Renovierungsarbeiten werden aktuell nur Wechselausstellungen gezeigt.

④ Agia Triada

🏠 Platia E. Venizelou

Die Kirche der »Heiligen Dreifaltigkeit« wurde im 20. Jahrhundert im byzantinischen Stil erbaut. Der Innenraum ist vollständig mit Fresken verziert. Sehenswert ist auch das Mosaik über dem Portal.

⑤ Agios Nikolaos

Auf der Landzunge gegenüber dem Hafen 🕐 bei der Information anfragen

Die Kirche birgt die ältesten byzantinischen Fresken Kretas. Die geometrisch-ornamentalen Malereien stammen wohl aus der Zeit des byzantinischen Bilderstreits (8./9. Jh.), als die Ikonoklasten die bildliche Darstellung von Christus, Gott und Heiligen sowie die Verehrung von Ikonen verboten. Sie sind teils mit Fresken aus dem 14. Jahrhundert übermalt.

Agios Nikolaos liegt malerisch am Voulismeni-See

Glasbodenboot im Hafen von Agios Nikolaos

⑥ ⚡ Ⓜ

Spinalonga (Kalydon)

📞 +30 28410 22462
🕐 Apr – Okt: tägl. 8:30 –18
🌐 odysseus.culture.gr

Von Agios Nikolaos, Elounda und Plaka *(siehe S. 130)* fahren Boote nach Spinalonga. Die Befestigungsanlagen auf der kleinen Felseninsel wurden 1579 von den Venezianern erbaut. 1904 wurde eine Leprakolonie eingerichtet. In den 1930er Jahren lebten rund 300 Kranke auf Spinalonga. 1957 wurde die Kolonie als eine der letzten Europas aufgelöst.

Umgebung: Im zehn Kilometer von Agios Nikolaos entfernten Elounda kann man auf dem Damm an Windmühlen vorbei zur Halbinsel Spinalonga (nicht zu verwechseln mit der Insel Spinalonga) und zum Strand Kolokytha *(siehe S. 138)* spazieren. Nahe dem Damm gibt es ein frühchristliches Bodenmosaik.

Von Milatos *(siehe S. 130)*, 25 Kilometer südöstlich, führen eine einstündige Wanderung oder eine kurvenreiche Autofahrt durch felsige Landschaft zur Höhle von Milatos, in der Relikte aus der Jungsteinzeit gefunden wurden. Eine Kapelle gedenkt der

rund 2000 Kreter, die 1823 von osmanischen Truppen in der Höhle eingesperrt und getötet wurden. In der 70 Meter tiefen Höhle ist eine Taschenlampe erforderlich. Im nahen Dorf Kounali gibt es eine bezaubernde Taverne.

Das 15 Kilometer von Agios Nikolaos entfernte Kritsa *(siehe S. 134)* bietet Zugang zur Katharo-Hochebene. Die Landschaft des 1150 Meter hoch gelegenen Plateaus kann man im Rahmen von Wander- und Mountainbike-Touren erkunden. Wenn sich von Mai bis Oktober Schäfer auf der Katharo-Hochebene aufhalten, haben die Tavernen geöffnet. Beim Schäferfest am 15. August kosten alljährlich gut 1000 Besucher frischen *Myzithra*-Käse und feiern bei traditioneller Musik und gutem Essen.

Schon gewusst?

Auf der Katharo-Hochebene wurden Fossilien von Zwergelefanten entdeckt.

Zentrum von Agios Nikolaos

① Volkskundemuseum
② Städtische Kunstgalerie
③ Archäologisches Museum
④ Agia Triada
⑤ Agios Nikolaos
⑥ Spinalonga (Kalydon)

Zeichenerklärung
siehe hintere Umschlagklappe

Kritsa
Κριτσά

 K6 Lasithi ⌷ ⛰ 2600

In dem Bergdorf locken Tavernen und Läden mit Webarbeiten, Spitzen und Stickereien.

Umgebung: Die einen Kilometer östlich gelegene Kirche **Panagia Kera** birgt byzantinische Fresken (13./14. Jh.).

Drei Kilometer nördlich liegen die Relikte der dorischen Stadt **Lato** (8. Jh. v. Chr.) auf einem Bergsattel.

Eine schöne Wanderung (8 km) führt von Kritsa durch die Kritsa-Schlucht nach Tapes und wieder zurück.

Panagia Kera
⌖ ☎ +30 28410 51806
🕑 Mi – Mo 8:30 – 15:30
ⓦ odysseus.culture.gr

Lato
⌖ ☎ +30 28410 22462
🕑 Mi – Mo 8:30 – 15:30
ⓦ odysseus.culture.gr

Gournia
Γουρνιά

L7 Pachia Ammos, Lasithi ⌷ ☎ +30 28420 93028 🕑 Mi – Mo 8:30 – 15:30
ⓦ odysseus.culture.gr

Gournia, die am besten erhaltene minoische Stadt auf Kreta, war ab etwa 3000 v. Chr.

Das Bergdorf Kritsa ist wunderschön gelegen

bewohnt. In einzelnen Bereichen entdeckte Werkzeuge weisen auf die Standorte von Werkstätten hin. In der Hafenstadt befand sich auch ein Palast. Die Anlage mit engen Treppengassen und kleinen Häusern ist den heutigen kretischen Dörfern sehr ähnlich.

Ierapetra
Ιεράπετρα

L6 Lasithi ⌷
⛰ 16 000 🏖 Sä 🎭 Kyrvia-Festival (Juli / Aug)
ⓦ ierapetra.gr

Europas südlichste Stadt ist ideal für Individualreisende, die den Strand *(siehe S. 139)* und die Infrastruktur schätzen. Die Lokale an der Uferpromenade und am Hafen mit dem venezianischen Kastell (17. Jh.) sind bis in die Nacht hinein geöffnet. Die Altstadt hat orientalisches Flair.

Umgebung: 20 Kilometer östlich liegt die Red-Butterfly-Schlucht *(siehe S. 35)*. Von dem zehn Kilometer nordöstlich gelegenen Bergdorf Kalamafka reicht der Blick bis zur Süd- und Nordküste.

Sitia
Σητεία

K9 Lasithi ⌷ ⛰ 9300
🎭 Kulturfestival Kornaria (Juli/Aug) ⓦ visitsitia.gr

Besucher schätzen den langen Strand *(siehe S. 22)*, das Archäologische Museum, die Tavernen und den Ausblick vom venezianischen Kastell Kasarma. Im hügeligen Umland liegen hübsche Dörfer.

Umgebung: 15 Kilometer westlich beeindruckt in der vier Kilometer langen Richtis-Schlucht ein 20 Meter hoher Wasserfall.

Fischerboote ankern im Hafen von Sitia

Olivenöl

Mit viel Sonne und kalkigen Böden bietet Kreta ideale Bedingungen für Olivenbäume. Olivenöl ist Kretas wichtigstes Exportgut. Es wird in hervorragender (Bio-)Qualität produziert. Die Geschmacksvarianten werden u. a. durch den Reifegrad der Oliven, den Standort und die Sorte bestimmt. Rund 90 Prozent der Ölbäume auf Kreta sind Koroneiki-Oliven. Außerdem gibt es seltene Sorten wie Thoumoli, Tsounati und Chondolia. Ein Baum liefert durchschnittlich 20 Kilogramm Oliven und drei Liter Öl, teils erheblich mehr. Preisgekrönte Olivenöle kommen u. a. aus dem Raum Sitia, wo die Bauern eine Kooperative gegründet haben.

Produzenten

Cooperativa Sitia
🕐 🅰 K9 🏠 Emmanouil Rouselaki 25 📞 +30 698 200 5476

Paraschakis
🕐🕐 🅰 C9 🏠 Melidoni 🅦 paraschakis.gr

Koronekes
🕐🕐 🅰 K3 🏠 Spilia (Archanes) 🅦 koronekes.gr

Cretan Olive Oil Farm
🕐🕐🕐 🅰 K6 🏠 Km 2, Agios Nikolaos – Elounda 🅦 cretanoliveoilfarm.gr

In der Messara-Ebene ist der Olivenanbau der bedeutendste Wirtschaftsfaktor. Das Olivenöl wird großteils in europäische Länder exportiert. Dank des hohen Anteils an Vitamin E und ungesättigten Fettsäuren ist Olivenöl sehr gesund.

Schon gewusst?

Auf Kreta wachsen rund 30 Millionen Olivenbäume.

Reife Oliven sind zu Beginn der Erntezeit grün. Sie nehmen erst im Lauf des Winters ihre dunkle Farbe an.

Olivenbäume sind immergrün, wachsen langsam und werden mehrere Hundert Jahre alt. Der Ertrag schwankt wie bei Obstbäumen im Zweijahresrhythmus (Alternanz).

Bei der Ernte von November bis Februar werden die Oliven mit Rechen von den Bäumen geschlagen und in Netzen am Boden aufgefangen.

10 ♦ 🛍 🍴

Moni Toplou

Moní Toplou

🅰 K10 🏠 Lasithi 🚌 3 km südl. 📞 +30 28430 61226 🕐 Sommer: tägl. 9–13, 14–18; Winter: tägl. 8:30–15 🌐 odysseus.culture.gr

Das im 14. Jahrhundert gegründete Kloster wurde zum Schutz vor Überfällen durch Seeräuber und die Osmanen befestigt. Im Zweiten Weltkrieg unterstützten die Mönche den Widerstand gegen die Deutschen. Das Klostermuseum informiert über die Historie. Highlight der bedeutenden Ikonensammlung ist das 1770 von Ioannis Kornaros geschaffene Werk *Megas ei kyrie* (»Groß bist du, Herr«), das 61 Szenen aus der Bibel zeigt.

Im äußeren Hof befindet sich eine restaurierte Windmühle. Besucher können auf den Klosterländereien produzierte Bio-Weine und -Olivenöle erwerben.

Umgebung: Zum Grundbesitz des Klosters gehören der neun Kilometer entfernte Palmenstrand von Vai *(siehe S. 24 und S. 138)* und die kaum erforschten Ruinen von Itanos. Die in der Antike mächtige Hafenstadt war ab 140 v. Chr.

mit Ierapetra verbündet, der in Stein gemeißelte Vertrag ist im Moni Toplou ausgestellt. In Itanos gibt es ruhige Strände und Kretische Dattelpalmen *(Phoenix theophrasti)*.

11

Zakros

Zákros

🅰 L10 🏠 Lasithi 🚌 🏔 640

Das an einer großen Quelle gelegene Bergdorf ist eine grüne Oase. Es verfügt über Tavernen, Läden, Werkstätten und Wassermühlen.

Umgebung: Von Zakros führt ein acht Kilometer langer Weg durch die Schlucht der Toten *(siehe S. 35)*. Er endet an einer Bucht mit Kiesstrand *(siehe S. 24)*. Westlich der Schlucht, bei Kato Zakros, liegen die Ruinen des minoischen **Palasts von Zakros** (16./15. Jh.). An der Stätte wurde einer der ältesten Metallschmelzöfen der Welt entdeckt.

Rund 20 Kilometer südlich von Zakros liegen die einsamen Strände Xerokampos *(siehe S. 139)* und Ambelos.

Palast von Zakros

♦ 📞 +30 28430 26897 🕐 Apr–Okt: tägl. 8–20; Nov–März: Di–So 8:30–15:30 🌐 odysseus.culture.gr

Im befestigten Moni Toplou gibt es bezaubernde Höfe

12

Palekastro

Palaíkastro

🅰 K10 🏠 Lasithi 🚌 🏔 950

Das Dorf ist bäuerlich geprägt, bietet aber eine gute Infrastruktur mit Läden, Unterkünften und netten Tavernen am Kirchplatz. Auch das kleine **Volkskundemuseum** lohnt einen Besuch.

Volkskundemuseum

♦ 📞 +30 28430 61603 🕐 Apr–Okt: tägl. 10:30–13, 17–20

Umgebung: Zwei Kilometer entfernt liegt der bei Windsurfern beliebte Strand Kouremenos *(siehe S. 128)*.

13

Makrigialos

Makrýgialos

🅰 L8 🏠 Lasithi 🚌 🏔 1600 ⛴ Fr

Die kinderfreundlichen Strände von Makrigialos und dem benachbarten Analipsi *(siehe S. 22f)* locken Familien an. Ruhe findet man in den westlichen Buchten. Makrigialos bietet Fischtavernen an der Uferpromenade und Bootsverbindungen zu den traumhaften Stränden auf der Insel Koufonisi *(siehe S. 139)*.

Treppe zum Strand von Kato Zakros

Tintenfisch und Oktopus

Tintenfisch, Oktopus, Sepie, Kalmar – zwischen den Kopffüßern gibt es Unterschiede. Sepien und Kalmare gehören der Gruppe der zehnarmigen Tintenfische an. Bei Gefahr stoßen sie ein dunkles Sekret (»Tinte«) aus, um den Angreifer zu verwirren. Kraken bilden die Gruppe der achtarmigen Tintenfische. Sie werden auch Oktopoden genannt. Kraken haben Saugnäpfe an den Armen und bewegen sich mithilfe ihrer Arme am Meeresboden fort. Sie sind sehr intelligent – in Versuchen wurde bewiesen, dass sie schneller als viele Säugetiere den Weg aus einem Labyrinth finden. Für Liebhaber von Meeresfrüchten ist auch interessant, dass die Unterschiede zwischen den Tintenfischen nicht geschmacksrelevant sind.

Tintenfische werden mit Reis, Pinienkernen, Käse und Gemüse gefüllt. Sie werden in Tomaten- oder Weinsauce gekocht oder als Salat, gegrillt oder gebacken gegessen.

Die Kopffüßer werden zum Trocknen aufgehängt. Vorher werden sie kräftig auf Asphalt oder Felsen geklopft, um sie für den Verzehr weicher zu machen.

Schon gewusst?

Aus dem von Tintenfischen ausgestoßenen Sekret wird der Farbstoff Sepia gewonnen.

Kretas Fischerei leidet unter der Überfischung des Mittelmeers. Tintenfische sind allerdings noch immer ein häufiger Fang.

Kalmare haben einen langen schlanken Körper und zwei segelartige Schwanzflossen, acht gleich kurze Mundarme und zwei lange Fangarme.

Oktopoden können innerhalb von Millisekunden ihre Farbe wechseln und sich ihrer Umwelt anpassen – obwohl sie farbenblind sind.

Die schönsten Strände Ostkretas

An der malerischen Bucht von Mirabello locken Luxusresorts. Auf der Insel Spinalonga kann man am Sandstrand Kolokytha die Idylle genießen. In Ierapetra und Sitia lassen sich Stadtflair und Strandvergnügen perfekt kombinieren. Naturfreunde kommen im einsamen Osten auf ihre Kosten. Der Palmenstrand von Vai gehört zu den Traumzielen auf Kreta. Wunderschön sind auch die Strände im äußersten Südosten Kretas und auf den vorgelagerten unbewohnten Inseln.

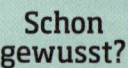

Schon gewusst?

Das Gebiet um Xerokampos gilt als Kretas wärmste und trockenste Region.

Der Palmenstrand von Vai verströmt karibisches Flair

Der Sandstrand von Vathi wurde im Jahr 2010 aufgeschüttet

① **Elounda** Der kleine sandige Stadtstrand bietet Lokale, Sportmöglichkeiten und einen Spielplatz. Mehr Ruhe hat man außerhalb der Anlegezeiten der Ausflugsboote, also vor 12 und nach 15 Uhr, am Sandstrand Kolokytha auf der Insel Spinalonga, den man zu Fuß erreicht. Richtung Plaka kann man am Ipanema Beach in bequemen Sesseln Cocktails trinken.

② **Vathi** Der Sandstrand in einer geschützten Bucht wurde 2010 angelegt. Das ruhige flache Wasser ist für Kinder ideal. Für Schnorchler sind die nahe gelegenen Felsen ein hervorragendes Terrain.

③ **Sitia** *siehe S. 22.* Wer etwas Abwechslung sucht, spaziert zum östlichen Strandende und erkundet auf dem Kap Tripiti die frei zugängliche

Agora der einstigen antiken Stadt.

④ **Vai** *siehe S. 24.* Der Traumstrand ist in der Hochsaison manchmal überlaufen. Zwei Kilometer nördlich kann man am ruhigen, unerschlossenen Strand nahe der antiken Stätte Itanos im Schatten von Palmen entspannen.

⑤ **Kato Zakros** *siehe S. 24.*

	①	②	③	④	⑤	⑥	⑦	⑧	⑨	⑩
Blaue Flagge	★		★	★	★	★		★		★
Sauberkeit	★	★	★	★	★	★	★	★	★	★
Ruhe			★		★	★	★		★	
Party								★		
Toiletten	★	★	★	★	★			★		★
Duschen	★	★	★	★	★	★		★		★
Liegen und Schirme	★	★	★	★	★	★		★		★
Rettungsschwimmer	★		★	★				★		
Wassersport	★		★	★	★			★		★
Meeresschildkröten						★				
Gastro / Shopping	★	★	★	★	★	★		★		★
Kinderfreundlich	★	★	★	★	★			★		★
Rollstuhlgerecht	★		★				★	★		
Glasbodenboote	★									
Parken	★	★	★	★	★	★		★		★

Strand bei Xerokampos

Vai
④ Vai
③ Sitia
hlos Chamezi
Palekastro
Chrysopigi
97
Zakros
⑤ Kato Zakros
krigialos
Chandras
tsourias
⑥ Xerokampos

⑦ Koufonisi

0 Kilometer   20

N

Am Strand vom Kato Zakros spenden Tamarisken Schatten

Der bei Familien beliebte Strand Myrtos bietet Ruhe und Komfort

⑥ **Xerokampos** *siehe S. 24.* In dem abgeschiedenen Dorf kann man zwischen Stränden mit Sand, Kies oder felsigem Untergrund oder mit heilender Tonerde wählen. Ein Fahrzeug ist erforderlich.

⑦ **Koufonisi** Ausflugsboote und Wassertaxis fahren von Makrigialos aus zu der unbewohnten Insel, die 36 Sandstrände bietet.

⑧ **Ierapetra** Nahe Ierapetra liegen viele schöne Strände. In der Stadt gibt es zu beiden Seiten der Uferpromenade gut ausgestattete Strände.

⑨ **Kavousi** In der Nähe des Dorfs liegen zwei einsame Strände: Der Strand Tholos bietet ruhiges Wasser zum Schnorcheln. Den Strand Agriomandra erreicht man nur zu Fuß nach Durchquerung einer kleinen Schlucht. Die kleine Bucht umgeben hohe Felswände.

⑩ **Myrtos** Der windgeschützte Strand mit Sand und Kies zählt zu den schönsten an der Südküste. Er lockt Familien an, die abseits des Urlaubertrubels komfortables Strandleben suchen. Vom Westende hat man tollen Blick auf das Dorf vor grüner Bergkulisse.

Restaurants

In Ostkreta kann man insbesondere in den führenden Urlaubsorten Agios Nikolaos und Elounda hervorragend essen gehen. In den beiden Städten gibt es eine große Auswahl an schönen Restaurants mit kretisch-mediterraner oder internationaler Küche. Viele der Speiselokale überzeugen zudem mit einem stimmungsvollen Ambiente. Nach dem Essen kann man zum Blick aufs Meer Cocktails genießen.

Restaurants

AGIA FOTIA: The River €
Kretisch
72200 Agia Fotia
☎ +30 28420 61557 🕐 tägl.
Ⓦ theriverrestaurant.wixsite.
com/ierapetra
Das stimmungsvolle Restaurant liegt etwa 15 Kilometer östlich von Ierapetra nahe dem Strand von Agia Fotia.

AGIOS KONSTANTINOS:
Vilaeti €
Kretisch
72052 Agios Konstantinos
☎ +30 28440 31983 🕐 tägl.
Ⓦ vilaeti.gr
Das gemütliche Restaurant auf der Lasithi-Hochebene gehört zu einem Ensemble von historischen Häusern, die zu Unterkünften umgebaut wurden.

AGIOS NIKOLAOS:
Portes €
Kretisch
Anapafseos 3, 72100 Agios Nikolaos
☎ +30 28410 28489 🔲 So
Die winzige Taverne lockt mit leckeren Gerichten wie gegrillten Sardinen und *tarator* (kalte Gurkensuppe), hervorragendem Hauswein und selbst gemachter Limonade.

AGIOS NIKOLAOS:
Migomis €€€
International
Nikolaou Plastira 20, 72100 Agios Nikolaos
☎ +30 28410 24353 🕐 tägl.
Ⓦ migomis.gr
Die Speisen und Weine in dem eleganten Restaurant oberhalb des Voulismeni-Sees sind exquisit, die Aussicht ist grandios.

ELOUNDA: Ergospasio €€
Kretisch
Akti Oloundos 5, 72053 Elounda
☎ +30 28410 42082 🕐 tägl.

Das romantische Lokal in einer umgebauten Johannisbrotmühle liegt direkt am Meer.

PLAKA: Ostria €
Seafood
72053 Plaka
☎ +30 2841 041530 🕐 tägl.
Die Tische der Taverne stehen direkt am Kiesstrand. Serviert wird exzellentes Seafood, darunter hausgemachte *taramosalata*. Auch der Wein ist gut.

Kneipen und Bars

AGIOS NIKOLAOS:
Bajamar €
Cocktailbar
Iosif Koundourou 4, 72100 Agios Nikolaos
☎ +30 69733 66065 🕐 tägl.
Das Bajamar begeistert mit hervorragenden Cocktails, guter Musik und einer traumhaften Lage direkt am Meer.

AGIOS NIKOLAOS:
ARC Espresso Cocktail Bar
€€
Café / Cocktailbar
Vitsentzou Kornarou 2, 72100 Agios Nikolaos
☎ +30 28410 23100 🕐 tägl.
Ⓦ arc.com.gr
Von der Cocktailbar mit Dachterrasse genießt man eine herr-

Salata kritiki – *kretischer Salat mit Kresse, Feta und Orangen*

liche Aussicht auf den Voulismeni-See – und fantastische Sonnenuntergänge.

AGIOS NIKOLAOS:
The Zep Rock & Blues Bar €
Bar
Akti Koundourou Stylianou 6, 72100 Agios Nikolaos
☎ +30 69429 46168 🕐 tägl.
In der Bar sind gute Laune und beste Unterhaltung bei Rock, Blues und Livemusik bis in die frühen Morgenstunden garantiert. Dazu gibt es Guinness oder Cocktails. The Zep hat nur im Sommer geöffnet.

AGIOS NIKOLAOS:
Puerto €
Café, Bar
Iosif Koundourou, 72100 Agios Nikolaos
☎ +30 28410 22850 🕐 tägl.
Ⓦ puerto.gr
Die direkt am Hafen gelegene Bar bietet bis in die frühen Morgenstunden Musik und gute Cocktails.

In den Restaurants an der Küste ist Seafood eine köstliche Option

Shopping

In den Städten und Ortschaften Ostkretas kann man überall hübsche Läden entdecken. Die in der Region produzierten Olivenöle sind beliebte Souvenirs. In Agios Nikolaos laden in der Fußgängerzone 28 Oktovriou und deren Seitenstraßen zahlreiche Läden zum Stöbern ein.

AGIOS NIKOLAOS:
Art on Olive Wood €
Holzschnitzerei
28 Oktovriou 22, 72100 Agios Nikolaos
☎ +30 28410 25168
In dem Laden werden aus Olivenholz gefertigte Produkte angeboten, die durch schöne Maserungen und kunstvolle Fertigung begeistern.

AGIOS NIKOLAOS:
Cretan Olive Oil Farm €
Event-Store
Straße Agios Nikolaos – Elounda, km 2, 72100 Agios Nikolaos
☎ +30 28410 24139
🔲 cretanoliveoilfarm.gr
Auf der nahe Agios Nikolaos gelegenen Farm pflegt Tassos Spirides zusammen mit seinem Sohn Nikos traditionelle Methoden des Olivenanbaus. Besucher können die Produkte kaufen sowie – gegen Eintritt – an einem Folklore-Fest teilnehmen, einen Koch- oder Töpferkurs belegen, Wein verkosten und sich in der Käseherstellung versuchen.

AGIOS NIKOLAOS: Talos €€
Mineralien, Fossilien, Schmuck
Koundourou 11/28 Oktovriou 10, 72100 Agios Nikolaos
☎ +30 28410 25332
🔲 talosgems.gr
Im Schaufenster des Ladens kann man riesige Amethystdrusen bewundern. Verkauft werden farbenprächtige Mineralien, Fossilien und handgefertigter Schmuck.

KAVOUSI: Votania €
Kräuterhof und Bio-Kosmetik
Strand Tholos, 72200 Kavousi
☎ +30 28410 25452
🔲 votania.com
Die direkt am Strand gelegene Farm bietet eine große Auswahl an Tees und Kräutern, die von kretischen Wildformen stammen. Außerdem werden Kosmetika und Massageöle aus eigener Herstellung angeboten. Sämtliche Produkte haben Bio-Qualität.

Spezialitäten in Bio-Qualität auf der Cretan Olive Oil Farm

Wellness

Die Region um Elounda und Agios Nikolaos ist für die eleganten Hotelanlagen bekannt, in denen man sich auf höchstem Niveau erholen kann. Zum Angebot der luxuriösen Resorts gehören Spas mit hervorragenden Wellness- und Fitnessangeboten.

AGIOS NIKOLAOS: Daios Cove
Luxury Resort & Villas €€€
Wellnesshotel und Spa
Vathi, 72100 Agios Nikolaos
☎ +30 20393 61218
🔲 daioscovecrete.com
Das elegante Resort liegt rund neun Kilometer südlich von Agios Nikolaos direkt am Strand von Vathi. Yoga und Pilates gehören ebenso zum Angebot wie verschiedenste Wellness-Behandlungen. Teil der Anlage ist ein 2500 Quadratmeter großer Spa-Bereich mit Dampfbad, Sauna, Laconium und Tepidarium. Das Daios Cove gehört zu den führenden Wellnesshotels in Griechenland.

ELOUNDA: Aquila
Elounda Village €€€
Wellnesshotel und Spa
72053 Elounda
☎ +30 28412 00200
🔲 aquilahotels.com
Das Wellnesshotel sorgt nicht nur mit einem luxuriösen Spa für das Wohlbefinden seiner Gäste. In dem auf einer Halbinsel gelegenen Hotel bieten auch drei Pools mit Blick auf die Bucht von Mirabello, ein Whirlpool, ein Dampfbad, eine Sauna und eine Softsauna Entspannung. Zum Portfolio gehören außerdem kosmetische Behandlungen, Massagen und Fitnessangebote.

Pool im Aquila Elounda

Westkreta

Küsten und Berge, quirliges Stadtleben und ländliche Abgeschiedenheit, elegante Stadtstrände mit feinem Sand im Norden und abgeschiedene Buchten vor imposanter Felskulisse im Süden – der Westen Kretas ist eine Region der Kontraste.

Die malerischen Hafenstädte Rethymno und Chania, in denen die Venezianer und die Osmanen architektonische Spuren hinterließen, bieten Kultur, Unterhaltung und Shopping-Möglichkeiten.

In den Lefka Ori lockt die Samaria-Schlucht zahlreiche Besucher an. Ansonsten kann man in der rauen Landschaft der »Weißen Berge« Einsamkeit finden. Wenige Kilometer von den kargen Gipfelregionen entfernt erstrecken sich fruchtbare Landschaften mit Zitrusplantagen, Weingärten und Olivenhainen.

Piräus ↑

Kythira
↑

Kretisches Meer

Balos
20
Halbinsel
Rodopou
Halbinsel
Akrotiri
11
Moni Gouvernetou
Halbinsel
Gramvousa
Maleme/
Tavronitis
Stavros **12**
Moni Agia Triada
Falasarna
Kolimvari
Chania
9
Kastelli
19
E75
90
Mournies
Internationaler Flughafen
Chania »Ioannis Daskalogiannis«
Kissamou
Platanos
Plataniani
899 m
Alikianos
Souda
10
Kalami
Panormos
Bali
Topolia
Vamos
Rethymno
E75
90
Vathi
Elos
Spina
Omalos
Georgioupoli
1
Perama
Sklavopoula
Kandanos
Omalos
Hochebene
Omalos
90
Kourrias
Amnatos
Margarites
Armeni
5
Anidri
17
Samaria
Lefka Ori
Samaria-
Schlucht
13
2
Moni Arkadiou
Anogia
4
Elafonisi
Paleochora
18
Sougia
Agia
Roumeli
Loutro
Imbros-
Schlucht
15
Angathes
1511 m
Amari
Psiloritis
2456 m
3
Idai-
sche
Grotte
Plakias
Chora
Sfakion
14
Frango-
kastello
16
8
Kamares
Zaros
7
Moni
Preveli
Vori
Agios Pavlos
Agia
Galini
6
Mires
Timbaki
Phaestos
Paximadia
Matala
Kali
Limenes
Lithinos

Mittelmeer
(Libysches Meer)

Gavdos

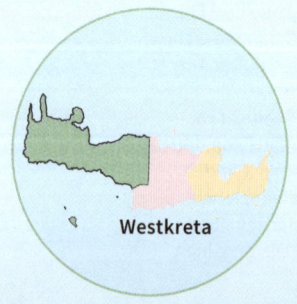
Westkreta

Westkreta

Highlights
❶ Rethymno
❾ Chania
⓭ Samaria-Schlucht

Sehenswürdigkeiten
❷ Moni Arkadiou
❸ Idäische Grotte
❹ Anogia
❺ Margarites
❻ Agia Galini
❼ Moni Preveli

❽ Plakias
❿ Souda
⓫ Halbinsel Akrotiri
⓬ Stavros
⓮ Chora Sfakion
⓯ Imbros-Schlucht
⓰ Frangokastello
⓱ Sougia
⓲ Paleochora
⓳ Kastelli Kissamou
⓴ Balos

↑ Santorin,
Anafi, Milos

Karpathos,
Kasos ↗

Agia
Pelagia

Dia

Internationaler
Flughafen Iraklio
»Nikos Kazantzakis«

Fodele

IRAKLIO

Kato
Gouves

Chersonissos

Sisi

Milatos

Agios Georgios

Dragonada

Giannisada

Sideros

Elasa

Tylissos

Palast von
Knossos

Agna

Malia

Neapoli

E75

Elounda

Moni
Toplou

Vai

Archanes

Myrtia

Tzermiado

Zentralkreta
Seiten 82–123

Diktäische
Höhle

Ostkreta
Seiten 124–141

Agios
Nikolaos

Mochlos

Sitia

Chamezi

Inlands-
flughafen
Sitia

Palekastro

Agia
Varvara

Gortys

Arkalochori

Tefeli

Marta

Dikti-Gebirge

Psari Madara
2148 m

Gournia

Chrysopigi

Ziros

Zakros

Kato
Zakros

Agii Deka

Protoria

Ano Viannos

Koutsouras

Makrigialos

Prasonisi

Messara-Ebene

Achentrias

Nea Arvi

Sidonia

Myrtos

Ierapetra

Ferma

Koufonisi

Paranimfoi

Chrysi

Mittelmeer
(Libysches Meer)

0 Kilometer   20

N ↑

Persönliche Favoriten

Westkreta lädt zu Entdeckungen ein: Rethymno und Chania locken mit historischen
Bauwerken, in den Lefka Ori kann man karge Bergregionen erkunden, vor den Küsten
liegt eine faszinierende Unterwasserwelt und der Weinbau liefert köstliche Tropfen.

Eine Fahrt im Glasbodenboot

Süßwassermatrosen und Nichttauchern bieten Fahrten in Glasbodenbooten die Gelegenheit,
Kretas Unterwasserwelt bequem zu entdecken.

Glasbodenboot im Hafen von Chania

Ohrenqualle mit gespanntem Schirm

Unterwasserwelten bieten stets einen faszinierenden Anblick. Unter der Wasserober-
fläche erstreckt sich ein fantastischer, dem
Menschen fremder Kosmos, der bei Weitem
noch nicht zur Gänze erforscht ist und immer
wieder Anlass zum Staunen gibt. Das Mittelmeer um Kreta mag zwar schon seit Jahrtausenden von Fischern und Seefahrern hervorragend ausgekundschaftet sein, für Besucher
bleibt der Blick in die Tiefe aber unverändert
spannend.

Glasbodenboote bieten die Möglichkeit,
Kretas Unterwasserwelt trockenen Fußes
zu erkunden. In Chania veranstaltet Captain
Nestor unterhaltsame und lehrreiche Fahrten. Durch die »Fenster« im Rumpf des Boots
und unterwegs bei Halten zum Schnorcheln
sieht man mediterrane Meeresbewohner und
ein Schiffswrack.

Captain Nestor
🏠 Kountourioti 5, Chania 📞 +30 69818 32672
🌐 captainnestor.gr

Chanias Markthalle

Die große Markthalle in Chania bietet eine kulinarische Erlebniswelt. Die Stände in dem
eindrucksvollen Gebäude locken Einheimische und Urlauber an.

In der Markthalle in Chania verbinden sich
Kretas vielfältige Aromen zu einem sinn-
lichen Gesamtkunstwerk. An den Ständen

Eingang der Markthalle in Chania

ist alles zu finden, was die Böden der Insel
und das Meer vor ihren Küsten an kulinari-
schen Freuden hervorbringen: vegetarische
Vielfalt von Avocados bis Zitronen, fangfri-
scher Fisch und Meeresfrüchte, eingelegte
Oliven und feine Olivenöle, würzige Käsesorten, leckeres Gebäck, Kräuter, Tees und
Honig. An Imbissständen kann man sich
stärken. Die Markthalle bietet authentisches
kretisches Flair, auch wenn sich inzwischen
einige Souvenirläden angesiedelt haben.

Markthalle
🏠 Platia Markopoulou, Chania
🕐 Mo, Mi, Sa 8–14, Di, Do, Fr 8–21

Weingut Manousakis

Weinsorten von Weiß bis Rot

Feine Tropfen: westkretische Weine

Die großen Weinbaugebiete Kretas liegen im Zentrum der Insel, doch auch im Westen gibt es viele Kellereien und feine Tropfen.

In Sachen Wein befindet sich der Westen Kretas auf Aufholjagd gegenüber den zentral gelegenen Hauptanbaugebieten südlich von Iraklio – nicht hinsichtlich der Qualität, denn in diesem Bereich ist der Westen ebenbürtig, sondern in Bezug auf die Quantität. Im Kloster Agia Triada auf der Halbinsel Akrotiri hat der Weinbau eine lange Tradition: Seit dem 17. Jahrhundert werden die Weingärten auf den Ländereien gepflegt und gute Weine gekeltert. Wie das Olivenöl, das von den Mönchen im Kloster produziert wird, hat auch der Wein inzwischen Bio-Qualität.

Am Fuß der Lefka Ori liegen zwischen Chania und Kastelli Kissamou sechs Weingüter, die Besucher willkommen heißen. Die Manousakis Winery in Vatolakkos, 15 Kilometer südwestlich von Chania, zählt zu den führenden Weingütern in der Region. Die auf dem Gut produzierten Bio-Weine aus den Rhône-Trauben Syrah, Grenache, Mourvèdre und Roussanne kann man bei Verkostungen oder im hauseigenen Restaurant genießen.

Manousakis Winery
🏠 Vatolakkos 📞 +30 28210 78787 🕐 Führungen nach Anmeldung 🌐 manousakiswinery.com

Auf und davon: Segeltörns

Den Alltag hinter sich lassen und in das große weite Blau aufbrechen – bei einem Segeltörn gibt man sich ganz dem Meer, dem Wind und den Wellen hin.

Einige der schönsten Küstenabschnitte Kretas liegen so abgeschieden, dass man sie nur mit dem Boot erreicht – doch beim Segeln zählt bekanntlich nicht nur das Ziel, sondern auch die Fahrt selbst. Wenn der Wind die Segel bauscht, der Bug durch die Wellen schneidet und bis zum Horizont kein anderes Schiff zu sehen ist, stellt sich ein wunderbares Gefühl der Freiheit ein. In Chania bietet Notos Sailing die Möglichkeit, dieses Glücksgefühl auf eintägigen Trips oder auf längeren Törns zu erleben – manchmal mit Delfinen als Wegbegleitern.

Notos Sailing
🏠 Akti Enoseos, Chania 📞 +30 69471 81990 🌐 notos-sailing.com

Segeln – ein beglückendes Flow-Erlebnis

❶

Rethymno

Ρέθυμνο

🅰 C7 🗺 56 000 🚌 Odos E. Kefalogianni 🛈 Odos Sofokli Venizelou 20; +30 28310 29148 🛒 Do, Parkplatz am Stadtpark 🎭 Karneval (Feb / März), Sommerfestival (Juni – Sep), Cretan Diet Festival (Juli), Renaissance-Fest (Sep) 🌐 rethymno.guide

Die drittgrößte Stadt Kretas war schon in der Jungsteinzeit besiedelt, unter den Venezianern erlebte sie eine Blütezeit. Der historische Kern liegt auf einer Halbinsel. Die Altstadt zeichnet sich durch venezianische und osmanische Stilelemente aus. Moscheen, orthodoxe und katholische Kirchen zeugen von der reichen Kultur- und Religionsgeschichte.

Im venezianischen Hafen ankernde Boote

Überblick

Die Altstadt erstreckt sich hinter dem venezianischen Hafen, an dem die Tische zahlreicher Cafés stehen. Östlich des Hafenbeckens liegt der schöne Stadtstrand von Rethymno.

① Venezianischer Hafen

Während der Herrschaft der Republik Venedig ab dem frühen 13. Jahrhundert war Rethymno das Wirtschafts- und Verwaltungszentrum der Provinz Castello. Die Venezianer legten den Hafen mit der schützenden Mole an. Der Leuchtturm wurde 1864 von den Osmanen erbaut.

In dem malerischen Hafen liegen Fischer- und Ausflugsboote vor Anker, den Kai säumen Restaurants und hübsche pastellfarbene Häuser. Hinter dem Stadtstrand *(siehe S. 23)* verläuft eine Promenade. Der Sandstrand ist 13 Kilometer lang.

② 🖼 ♿ Fortezza

📞 +30 28310 28101
🕐 Juni – Sep: tägl. 8 –19:15, Okt – Mai: 10 –17

Die venezianische Festung wurde Ende des 16. Jahrhunderts auf der Anhöhe Palekastro an der Spitze der Altstadt errichtet. Die Stätte war vermutlich bereits in der

Schon gewusst?

Vorbild für das Symbol der Stadt mit zwei Delfinen und dem Schriftzug »PIΘY« war eine antike Münze.

Antike befestigt. Die Venezianer beschlossen den Bau, nachdem kleinere Festungen östlich des Hafens von Angreifern zerstört worden waren. In der imposanten Anlage konnten alle Bewohner der Stadt Zuflucht finden. Allerdings war sie nicht besonders wehrhaft: 1646 fiel sie nach nur dreiwöchiger Belagerung an die Osmanen.

Erhalten sind die massiven Festungsmauern mit sechs Toren und zehn Wachtürmen, Kasematten, Waffen- und Munitionskammern sowie die Häuser des Ratsherrn und des Rektors. Die Sultan-Ibrahim-Moschee wurde 1646 am Standort der venezianischen Nikolauskathedrale (1580) am höchsten Punkt der Anlage errichtet. Die beiden griechisch-orthodoxen Kirchen stammen aus dem 19. Jahrhundert. Das Freilichttheater auf der Agios-Ilias-Bastion wurde 1986 eingerichtet.

Rethymnos osmanischer Leuchtturm

Die Promenade am Stadtstrand ist von Palmen gesäumt

③ Porta Guora

 Platia E. Antistasseos

Der auch Megali Porta (»Großes Tor«) genannte steinerne Bogen ist der einzige verbliebene Bestandteil der venezianischen Stadtmauer. Von dem am Stadtpark gelegenen Tor führt die von zahlreichen Läden gesäumte Straße Ethnikis Antistasseos in die Altstadt.

④ Archäologisches Museum

Odos Agiou Fragiskou
+30 28310 54668
Di – So 10 –18

Die Kirche Agiou Fragiskou, die das Museum beherbergt, gehörte einst zu einem Kloster der Franziskanerinnen. Die Sammlungen umfassen minoische Artefakte aus Höhlen, Gipfelheiligtümern und Grabstätten sowie Funde aus griechischer und römischer Zeit. Zu sehen sind u. a. Keramiken, Skulpturen, Werkzeuge und Münzen von der Jungsteinzeit bis zur römischen Antike. Zu den Highlights gehören kunstvoll mit Pflanzen, Tieren und Jagdszenen bemalte Sarkophage *(larnakes)* aus dem zehn Kilometer südlich von Rethymno gelegenen spätminoischen Friedhof Armeni und ein mykenischer Eberzahnhelm.

⑤ Neratzes-Moschee

Odos Emmanouil Vernardou 1

Die venezianische Kirche Santa Maria wurde 1657 zur Moschee umgebaut. Das hohe schlanke Minarett wurde 1890 hinzugefügt. Heute dient das Gebäude mit den drei Kuppeln als Konservatorium mit Konzertsaal.

Die Moschee steht an der quirligen Odos Emmanouil Vernardou. In den *rakadika*, die die Straße säumen, genießen Studierende, Einheimische und Besucher bis in die Nacht hinein *mezedes* und traditionelle Livemusik.

⑥ Museum für Geschichte und Volkskunst

Odos Emmanouil Vernardou 28 +30 28310 23398
Mo – Sa 10 –15

Das Museum in einem venezianischen Palazzo (17. Jh.) widmet sich dem kretischen Freiheitskampf sowie traditioneller Handwerkskunst. Zu sehen sind u. a. Keramiken und Webarbeiten.

Zentrum von Rethymno

① Venezianischer Hafen
② Fortezza
③ Porta Guora
④ Archäologisches Museum
⑤ Neratzes-Moschee
⑥ Museum für Geschichte und Volkskunst
⑦ Venezianische Loggia
⑧ Rimondi-Brunnen
⑨ Museum für zeitgenössische Kunst
⑩ Kirchliches Museum
⑪ Tessaron Martyron
⑫ Paläontologisches Museum

0 Meter   500

N

Zeichenerklärung *siehe hintere Umschlagklappe*

Venezianische Loggia

🏛 Odos Paleologou / Arkadiou 📞 +30 28310 53270 🕐 Mo – Fr 8 – 15

Die elegante Loggia (16. Jh.) war Treffpunkt der Edelleute. In osmanischer Zeit diente sie als als Moschee. Heute ist in der Loggia ein Laden untergebracht, der Kopien von Museumsstücken verkauft.

⑧
Rimondi-Brunnen

🏛 Odos Paleologou

Den Brunnen mit Wasserspeiern in Form von Löwenköpfen ließ der venezianische Statthalter Rimondi im Jahr 1626 erbauen.

⑨
Museum für zeitgenössische Kunst

🏛 Odos Mesologiou 32 📞 +30 28310 52530 🕐 Mai – Okt: Di – Fr 9 – 14, 19 – 21, Sa, So 10 – 15; Nov – Apr: Di – Fr 9 – 14 (Mi, Fr auch 18 – 21), Sa, So 10 – 15 🌐 cca.gr

In dem Museum sind etwa 500 Werke des in Rethymno geborenen Malers Lefteris Kanakakis (1934 – 1985) sowie Arbeiten anderer zeitgenössischer griechischer Künstler

Die Kirche Tessaron Martyron (»Vier Märtyrer«)

ausgestellt. Die Werke reichen von den 1950er Jahren bis heute.

⑩
Kirchliches Museum

🏛 Odos Tompazi 📞 +30 28310 22788 🕐 tägl. 9:30 – 12:30

Das Museum an der Kathedrale zeigt kirchliche und kunsthistorische Exponate.

⑪
Tessaron Martyron

🏛 Platia 4 Martyron 🕐 tägl.

Die Kirche (1975) ist vier kretischen Christen gewidmet,

die 1824 an dieser Stätte von osmanischen Soldaten gehängt wurden. In der Nähe der Kirche steht eine Statue des Freiheitskämpfers Kostas Giamboudakis.

⑫
Paläontologisches Museum

🏛 Odos Satha / Markellou 📞 +30 28310 23083 🕐 Apr – Okt: Mo – Sa 9 – 15; Nov – März: Di, Do, Sa 9 – 15

Das Museum in der Veli-Pascha-Moschee zeigt auf Kreta gefundene Fossilien, u. a. von Zwergelefanten. Im Garten gedeihen endemische Pflanzen.

Umgebung: 25 Kilometer westlich von Rethymno bietet Georgioupoli einen herrlichen Strand *(siehe S. 23).* Der Kournas-See oberhalb der Ortschaft ist der einzige natürliche Süßwassersee auf Kreta. Er steht unter Naturschutz.

Neun Kilometer südlich von Rethymno befindet sich der **spätminoische Friedhof von Armeni.**

Spätminoischer Friedhof von Armeni
🏛 Armeni 📞 +30 28310 23653 🕐 Mai – Okt: Mi – Mo 8:30 – 15:30 🌐 odysseus. culture.gr

Der venezianische Rimondi-Brunnen

Venezianische Bauwerke

Nach dem Vierten Kreuzzug fiel Kreta 1204 an die Republik Venedig. Die Kreter erhoben sich in mehreren Aufständen gegen die venezianische Herrschaft, Genua und Byzanz versuchten die Insel zurückzuerobern. Bis zum Siegeszug der Osmanen 1669 blieb Kreta jedoch Venedigs wichtigste Kolonie. Die meisten frühen venezianischen Bauten wurden bei den Aufständen, bei osmanischen Angriffen oder durch Erdbeben zerstört. Die verbliebenen Bauwerke – Festungen, Arsenale, Stadtmauern, befestigte Wohntürme und Stadthäuser – stammen meist aus dem 16. und 17. Jahrhundert.

Bauwerke

Festung Koules
🎫 🅰 J2 – 3 🏠 Iraklio

Fortezza
🎫 🅰 C7 🏠 Rethymno

Festung Firkas
🎫 🅰 B4 🏠 Chania

Festung Kales
🅰 L6 – 7 🏠 Ierapetra

Festung Kazarma
🎫 🅰 K9 🏠 Sitia

Frangokastello
🎫 🅰 D6

Spinalonga
🎫 🅰 J7

Bergfestung
🅰 L2 🏠 Charakas

Ruinendorf Voila
🅰 L9 🏠 1 km östlich von Chandras (Lasithi)

Der Morosini-Brunnen in Iraklio war der Endpunkt eines von den Venezianern erbauten Viadukts, über den Wasser in die Innenstadt geleitet wurde. Er weist prächtige Löwenfiguren auf.

Der Hafen von Chania wurde ab 1320 von den Venezianern angelegt. Der einem Minarett ähnelnde Leuchtturm wurde 1830 während der kurzen ägyptischen Herrschaft über Kreta auf den Fundamenten des zerstörten venezianischen Leuchtturms erbaut. Wegen der verstärkten Angriffen durch die Osmanen im 16. Jahrhundert sicherten die Venezianer Chania durch Stadtmauern und die Hafenfestung Firkas.

Die Fortezza in Rethymno zählt zu den größten Festungen, die die Republik Venedig erbauen ließ. Das Bauwerk wurde im 16. Jahrhundert von Michele Sanmicheli und Sforza Pallavicini entworfen. Von Sanmicheli stammen auch die Festung Koules in Iraklio und die Stadtmauer in Chania.

SEHENSWÜRDIGKEITEN

2

Moni Arkadiou

Μονή Αρκαδίου

🅐 D8 🏠 Rethymno 🚌
📞 +30 28310 83135 🕐 März,
Okt: tägl. 9–18; Apr–Sep:
tägl. 9–19; Nov: tägl. 9–17
🅦 arkadimonastery.gr

Das Kloster liegt auf einer
Höhe von 500 Metern am
Rand des Idi-Gebirges auf
einer fruchtbaren Hochebene,
auf der Wein, Oliven- und
Obstbäume, Zypressen und
eine große Vielfalt an Wild-
pflanzen gedeihen. Der Überlieferung nach wurde das
Kloster im 5. Jahrhundert gegründet, belegt ist seine Exis-
tenz ab dem 14. Jahrhundert.
Im 16. Jahrhundert wurde das
Kloster befestigt.

Nach der osmanischen Er-
oberung Kretas im Jahr 1669
wurden Klöster wichtige Zentren des Widerstands. Die
Mönche lehrten christliche
Werte und hielten die griechische Sprache lebendig. Während der kretischen Aufstände

(17./18. Jh.) führten orthodoxe Priester zudem den Freiheitskampf an. 1866 wurde
das Motto des kretischen Un-
abhängigkeitskampfes »Freiheit oder Tod« im Moni Arkadiou zur grausamen Realität:
Am 8. November 1866 bela-
gerte ein 15 000 Mann starkes
osmanisches Heer das Kloster, in dem sich über 200 kretische Freiheitskämpfer ver-
barrikadiert hatten und rund
700 Frauen und Kinder Schutz
suchten. Als die Verteidiger
der Übermacht nicht mehr
standhalten konnten, sprengten sie das Pulvermagazin in
die Luft. Die Explosion tötete
Hunderte Verteidiger und Angreifer. Der 1770 begonnene
Freiheitskampf der Kreter gip-
felte in dieser Tat, doch erst
1913 wurden Kreta und Griechenland vereinigt.

Das Moni Arkadiou wird
noch immer von Mönchen bewohnt. Es ist zudem das bedeutendste Nationaldenkmal
Kretas. Alljährlich findet am
8. November zum Gedenken
an die Tragödie eine Wallfahrt

zu dem Kloster statt. Das Pulvermagazin ist ohne Dach ge-
blieben, die ehemalige Windmühle vor dem Kloster dient
als Beinhaus. Die venezianische Barockkirche wurde
1587 erbaut.

Umgebung: Zehn Kilometer
östlich liegt das **Museum des
antiken Eleftherna** am Rui-
nenfeld des um 700 v. Chr.
gegründeten griechischen
Stadtstaats. Von der einstigen
Akropolis genießt man eine
wunderbare Aussicht. In der
Nähe ist eine gut 2300 Jahre
alte Kragsteinbrücke erhalten.

**Museum des antiken
Eleftherna**
⊘ & 📞 +30 28340 92501
🕐 Mi–Mo 8:30–15:30
🅦 mae.uoc.gr

Schon gewusst?

In einem toten Baum
am Kloster Arkadi
steckt immer noch
eine osmanische
Gewehrkugel.

Die Kirche des Moni Arkadiou zeigt Elemente des Barock und der italienischen Renaissance

Kafenio

Das *kafenio* ist das Zentrum des Soziallebens in den kretischen Dörfern. Die meist am Hauptplatz gelegenen, traditionellen Kaffeehäuser werden überwiegend von Männern besucht. Die Einrichtung ist minimalistisch – mit bastbespannten Holzstühlen und kleinen Tischen aus Plastik oder Holz und vielleicht ein paar alten Fotos an den Wänden. In *kafenia* werden einfache, nicht hausgemachte *mezedes*, Bier, Tsikoudia und Kaffee serviert – in der Regel Griechischer Mokka *(ellinikos kafes)* aus einem *briki*, auf Wunsch auch *nes* (aufgebrühter Instankaffee). Kaffee bestellt man *glykos* (süß), *metrios* (mittel) oder *sketos* (ohne Zucker). Auch der beliebte kalte Kaffee *frappe* wird angeboten.

Kafenia dienen als »Nachrichtenbörsen« – in den Cafés wird diskutiert, politisiert, und man tauscht Neuigkeiten aus.

Kafenia

Kafenio-rakadiko to Petrino
Das Ambiente mit Steinwänden und Holzbalkendecke ist für ein *kafenio* ungewöhnlich heimelig. Gelegentlich gibt es Livemusik.

🅰 D10 🏠 13is Avgoustou 1944, Anogia 📞 +30 698 756 2052 🕐 tägl.

€€€

Kostas Kafenion
Die Dekoration des Cafés im Zentrum des Dorfs ist ungewöhnlich: Die Wände sind vollständig mit Ikonen bedeckt.

🅰 F9 🏠 Sivas

€€€

Tavli

Im *kafenio* kann man sich unterhalten, in Ruhe Zeitung lesen, Karten spielen oder sich bei einer Partie Tavli – ein dem Backgammon ähnliches Brettspiel – die Zeit vertreiben.

Tavli ist in Griechenland sehr beliebt – in den *kafenia* gehört das Klackern der Spielsteine zur Geräuschkulisse. Tavli wird in drei Runden gespielt, die so lange wiederholt werden, bis einer der Spieler die verabredete Punktzahl erreicht hat.

Runde 1: Portes
Die Spielregeln entsprechen dem international verbreiteten Backgammon – mit geringfügigen Abweichungen. Beispielsweise wird kein Verdoppelungswürfel verwendet.

Runde 2: Plakoto
Jeder Spieler stellt seine 15 Spielsteine auf sein erstes Feld. Wie beim Backgammon werden sie in das eigene Viertel bewegt und herausgewürfelt. Gegnerische Steine werden nicht geschlagen, sondern blockiert.

Runde 3: Fevga
Die weißen Steine werden zu Beginn auf Feld 12, die schwarzen auf Feld 24 aufgestellt und nicht gegenläufig, sondern entgegen dem Uhrzeigersinn bewegt. Gegnerische Steine werden nur blockiert.

Tavli-Spiel

❸ Idäische Grotte
Ιδαίο Άντρο
🅰 D10 🏠 Rethymno

Von Anogia führt eine (meist nur im Sommer zugängliche) Teerstraße über die Nida-Hochebene (1350 m). In der kargen Landschaft stehen lediglich einige Schäferhütten *(mitata)*. Die Idäische Grotte liegt am westlichen Rand der Ebene am Fuß des Koussakas (2209 m). Die Höhle war von minoischer bis römischer Zeit eine Kultstätte: Dem Mythos zufolge wurde Zeus nach seiner Geburt in der Diktäischen Höhle *(siehe S. 130)* von seiner Mutter Rhea in der Idäischen Grotte am Berg Idi versteckt und aufgezogen. Zeus war das sechste Kind des Titanen Kronos, der seine anderen Kinder verschlungen hatte, aus Furcht, sie könnten ihn entmachten. In der Höhle entdeckte Bronzevotive bestätigen die Funktion als Kultstätte. Etwa 15 Gehminuten von der Höhle entfernt gibt es eine Taverne.

Umgebung: Von der Taverne führt eine vierstündige Wanderung auf den Psiloritis (2456 m), den höchsten Berg Kretas. Im Osten der Nida-Hochebene schuf die deutsche Künstlerin Karina Raeck

Die Nida-Hochebene ist überwiegend von Grasland bedeckt

1989 bis 1991 zusammen mit Hirten die Landschaftsskulptur *Andartis* (»Partisan«).

❹ Anogia
Ανώγεια
🅰 D10 🏠 Rethymno 🚌 🏔 2400 🎭 Kulturfest Yakin-thia (Ende Juli) 🌐 anogeia.gr

Kretas größtes, im Sommer angenehm kühles Bergdorf liegt rund 750 Meter hoch am Psiloritis. Es ist ein Zentrum der Schaf- und Ziegenzucht,

5000
Steine verwendete Karina Raeck für ihre Landschaftsskulptur *Andartis* auf der Nida-Hochebene.

die Herden weiden im Sommer auf der Nida-Hochebene. Die Milch der Tiere wird zu Käse, die Wolle zu Teppichen und Decken verarbeitet. Besucher sind in den Webereien willkommen. Läden im Dorf verkaufen Textilarbeiten.

Anogia bietet viele Cafés und reizende *kafenia*. Den kleinen Platz Meintani säumen nette Tavernen. Im Zentrum erinnert ein Denkmal an die Zerstörungen Anogias 1822 und 1867 durch die Osmanen sowie 1944 durch die deutsche Wehrmacht.

Im privaten **Alkibiades-Skoulas-Museum** sind naive Kunstwerke des Malers und Bildhauers zu sehen.

Alkibiades-Skoulas-Museum
🏠 Milopotamou ⏰ variie-rende Öffnungszeiten

❺ Margarites
Μαργαρίτες
🅰 C9 🏠 Rethymno 🚌 🏔 270

In dem hübschen Dorf an der Nordwestseite des Psiloritis hat das Töpferhandwerk seit dem Mittelalter Tradition. In den Läden und Ateliers kann man neben modernen und originellen Gebrauchs- und Dekorkeramiken auch Pithoi erstehen – große Gefäße, wie sie schon die Minoer als Vorratsbehälter nutzten.

Der Psiloritis (2456 m) ist der höchste Berg Kretas

🚗 Amari-Tal

Das fruchtbare Tal liegt zwischen dem steilen Psiloritis- und dem kargen Kedros-Massiv. Die durch Olivenhaine, Weingärten und Obstplantagen führende Tour bietet Ausblicke auf felsige Gipfel und Schluchten. Es gibt winzige Dörfer, antike Stätten, Kirchen und Klöster zu entdecken – und man kann köstliche Kirschen essen.

Im Tal stehen Olivenbäume

① Thronos
Die Kirche Panagia birgt Fresken (14. Jh.) und Mosaikfragmente (4. Jh.). Auf dem Hügel liegen Relikte der antiken Stadt Sybrita.

② Moni Asomaton
Die vermutlich 961 erbaute Kirche des malerisch gelegenen, verlassenen Klosters wurde restauriert.

③ Amari
Von dem venezianischen Glockenturm in dem winzigen Dorf eröffnet sich eine grandiose Sicht auf den Psiloritis. Die Kirche Agia Anna nahe dem Dorf birgt die ältesten christlichen Fresken Kretas (1225).

⑦ Meronas
In der »Obsthauptstadt« des Amari-Tals locken Erntefeste.

④ Vizari
Westlich des Orts stehen die Ruinen einer dreischiffigen byzantinischen Basilika (7. Jh.).

⑥ Kardaki
Nördlich von Kardaki steht die rund 800 Jahre alte Bruchsteinkirche Agios Ioannis Theologos.

[Karte: Rethymno, START, ZIEL, N, Thronos, Agia Fotini, Meronas ⑦, Moni Asomaton ②, Opsigias, Monastiraki, Amari ③, Platania, Gerakari, Spili, Kardaki ⑥, Vryses, Vizari ④, Fourfouras, Ano Meros ⑤, Ploys, Apodoulou, Agia Galini]

0 Kilometer 5

Routeninfos
Start / Ziel: Thronos
Länge: 92 km
Dauer: 3 Std.
Rasten: In jedem Dorf gibt es Lokale, schön ist der Blick von der Taverne in Ano Meros. Gegenüber der Kirche bei Kardaki liegt ein guter Rastplatz.

⑤ Ano Meros
Ein Mahnmal erinnert an die Massaker der deutschen Wehrmacht von 1944 im Amari-Tal. Auch in anderen Dörfern stehen solche Denkmäler.

Das Moni Piso Preveli wird noch von Mönchen bewohnt

verschafften Soldaten der Alliierten Verstecke und Fluchtmöglichkeiten. Ein Denkmal erinnert an die Geschehnisse.

Die im 19. Jahrhundert erbaute Kirche des Moni Piso Preveli birgt eine prächtige Ikonostase und das Reliquienkreuz des Evraim Prevel, das einen Splitter des Kreuzes Jesu enthalten soll und dem Glauben nach Augenkrankheiten heilt.

Umgebung: 1,5 Kilometer südöstlich liegt der bezaubernde Palmenstrand von Preveli *(siehe S. 25)*.

⑥ Agia Galini

Αγία Γαλήνη

 E9 🏠 Rethymno 🚌
🗺 630 🌐 gogalini.com

Agia Galini liegt südlich des Amari-Tals *(siehe S. 155)* an einer von Bergen umrahmten Bucht. Die weißen Häuser nehmen den Hang westlich des Hafens ein. Das einstige Fischerdorf ist ein beliebter Ferienort mit vielen Restaurants, Cafés und Läden.

Agia Galini ist eine der Ortschaften auf Kreta, die mit dem Flug von Daidalos und Ikaros *(siehe S. 107)* in Verbindung gebracht werden. Zwei Statuen am Hafen zeigen die beiden Figuren aus der griechischen Mythologie. Der Strand bietet von Liegen bis Tavernen alle Annehmlichkeiten, jenseits des Flusses Platys herrscht weniger Betrieb.

Umgebung: Im Osten von Agia Galini liegt der einsame Strand Kokkinos Pyrgos. Vom Hafen fahren Boote zum Palmenstrand von Preveli und zu den Sandstränden auf den Paximadia-Inseln, auf denen laut der griechischen Mythologie die Götter Apollon und Artemis geboren wurden. Per Boot oder Auto gelangt man zum Strand von Agios Georgios, der ideal zum Schwimmen und Schnorcheln ist, und zum Strand von Agios Pavlos *(siehe S. 171)* im Westen.

⑦ Moni Preveli

Μονή Πρέβελη

 E7 🏠 Rethymno 🚌
📞 +30 28320 31246 🕐 tägl.
9–18:30 🌐 preveli.org

Der Weg zu dem vermutlich im 16. Jahrhundert gegründeten Kloster führt durch die Kourtaliotiko-Schlucht *(siehe S. 35)*. Zu der Anlage gehören das verlassene Kato Moni Preveli im Tal des Megalopotamos und das noch von Mönchen bewohnte Moni Piso Preveli oberhalb der Küste.

Das Moni Preveli war ein Zentrum des Widerstands gegen die Osmanen und die deutschen Besatzer im Zweiten Weltkrieg – die Mönche

⑧ Plakias

Πλακιάς

 D7 🏠 Rethymno
🚌 🗺 300

Der Ferienort liegt an einer Bucht am Ende der Kotsifou-Schlucht, durch die eine malerische Straße verläuft. Am Ostende des 1,5 Kilometer langen Kiesstrands von Plakias ragen Dünen auf.

Umgebung: Ein 30-minütiger Spaziergang führt zu dem Bergdorf Myrthios hinauf. Die Ortschaft bietet Tavernen mit kretischer Küche und eine wunderschöne Aussicht.

Schon gewusst?

Die teils jahrhundertealten Palmen am Strand von Preveli überstanden 2010 einen Brand.

Der Strand von Agia Galini lockt viele Urlauber an

Kretische Wildziege

Nur auf Kreta heimisch sind die Kreta-Stachelmaus, der Kretische Dachs, der Kretische Bläuling (Schmetterling), die Kretische Wildkatze und die Kretische Wildziege (*Capra aegagrus cretica*), auch Kri-kri oder Agrimi genannt. Die hübschen Tiere mit dem charakteristischen dunklen Aalstrich am Rücken sind vermutlich keine echten Wildziegen, sondern Nachfahren domestizierter Ziegen, die vor über 6000 Jahren auf die Insel gebracht wurden. Seitdem spielen die trittsicheren Kletterer in der kretischen Kultur eine wichtige Rolle. Von den Minoern sind Darstellungen der Tiere erhalten, aus den bis zu 80 Zentimeter langen Hörnern der Böcke fertigte man Bogen. Wegen ihres zarten, schmackhaften Fleisches wurden die Wildziegen stark gejagt.

Expertentipp
Kermes-Eichen

Kermes-Eichen sind Futterpflanzen der kretischen Wildziegen und Wirtspflanzen der Kermesschildläuse. Aus den Pflanzen gewann man einst das Karmesinrot, mit dem Theseus laut Mythos die Schiffssegel färbte, ehe er nach Kreta aufbrach *(siehe S. 106)*.

Hausziege
Kretische Wildziegen und Hausziegen können sich problemlos mischen. Reinrassige Wildziegen waren in den 1960er Jahren durch Überjagung fast ausgerottet. Nun leben wieder rund 2000 der unter Artenschutz stehenden Tiere in der Samaria-Schlucht und dem angrenzenden Nationalpark sowie auf den Inseln Theodorou, Dia und Agii Pandes.

Die Geißen sind zierlicher als die Böcke, haben kürzere Hörner und einen viel kleineren Bart. Sie bringen im Frühjahr ein bis zwei Kitze zur Welt.

Sprossen von Zypressen und Kiefern, Blätter von anderen Baumarten sowie würzige Kräuter und Gräser bilden die Nahrung der Kretischen Wildziegen in den karstigen Bergregionen.

⑨

Chania

Χανιά

🅰 B4 🗺 54 000 ✈ 15 km östl. ⛴ Hafen von Souda
🚌 Platia 1866 ℹ Odos Milonogianni 53; +30 28213
41665 🛍 Do (Westseite Salvator-Bastion), Sa (Odos
Minos) 🎭 Kultursommer (Juli – Sep), Sardinenfest
(Anfang Sep), Tsikoudia-Fest (Nov) 🌐 chaniatourism.gr

Das von den Minoern gegründete Chania ist eine der ältesten
Städte der Welt. Es wurde in der Antike Kydonia und von den
Venezianern La Canea genannt, war 1841 bis 1971 die Hauptstadt Kretas und ist heute die zweitgrößte Stadt der Insel. Es
bezaubert mit venezianischen und osmanischen Bauwerken.

Der venezianische Hafen mit dem eleganten Leuchtturm

①
Leuchtturm

🏠 **Venezianischer Hafen**

Das Licht des 21 Meter hohen
Leuchtturms reicht nachts
elf Kilometer weit. Der *faro*
von Chania ist der älteste
noch in Betrieb befindliche
Leuchtturm weltweit. Das
einem Minerett ähnelnde
Bauwerk wurde 1830 wäh-
rend der kurzzeitigen ägyptischen Besatzung errichtet.
Im 16. Jahrhundert stand an
der Spitze der Mole ein vene-
zianisches Leuchtfeuer.

②
Venezianischer Hafen

Großes Arsenal: 📞 +30 28210
40201 🕐 tägl. 8 – 15 und bei
Veranstaltungen

An der West- und Ostseite
des Hafens, an dem sich
die Altstadt von Chania erstreckt, sind Teile der venezianischen Festungsmauern
erhalten. Chanias Hafen ist
ein beliebtes Fotomotiv.
Viele der bunten Häuser, die
die Promenade säumen, be-
herbergen Restaurants und
Cafés. Am Yachthafen im östlichen Teil stehen venezianische Arsenale *(neoria)*. Das
restaurierte Große Arsenal
(16. Jh.) ist Sitz des Zentrums
für Mediterrane Architektur,
das Ausstellungen und andere Veranstaltungen bietet.
  Bei einem Spaziergang
zum Leuchtturm an der Spitze der langen Mole genießt
man eine wunderschöne
Aussicht auf den Hafen, die
Stadt und die Lefka Ori
(»Weißen Berge«).

③ 🖼 🎭 🛍 ♿

Schifffahrtsmuseum
von Kreta

🏠 Akti Kountourioti
📞 +30 28210 91875
🕐 Mo – Sa 9 –16 (Nov – Apr:
bis 15:40) 🚫 Feiertage
🌐 mar-mus-crete.gr

Das Museum mit dem
schwarzen Anker am Ein-
gang informiert anhand von
Karten, Navigationsinstru-
menten und nachgestellten
Schlachten über die See-
fahrtsgeschichte Kretas und
Griechenlands. Ein Schwer-
punkt liegt auf der Zeit der
deutschen Besatzung im
Zweiten Weltkrieg.
  Zu den Highlights zählt die
Minoa. Das Ruderboot wurde
von Forschern des Museums
unter Verwendung der Techniken, die es in der Bronzezeit gab, nach minoischem
Vorbild gebaut. Im Jahr 2004
fuhr das Boot von Kreta nach
Athen. Eine Ausstellung er-
läutert den Konstruktions-
prozess, die *Minoa* ist in der
venezianischen Moro-Werft
(1607) am Ostende des Ha-
fens zu sehen.
  Das Schifffahrtsmuseum
befindet sich in der venezianischen Festung Firkas, die
im frühen 17. Jahrhundert
zum Schutz vor den Osma-
nen errichtet wurde. Von der
Salvator-Bastion, die Teil der

Kathedrale Panagia Trimartyri

Die Hassan-Pascha-Moschee ist die älteste Moschee auf Kreta

venezianischen Stadtmauern war, eröffnet sich eine herrliche Aussicht. Das byzantinische Museum in einem ehemaligen Kloster (15. Jh.) am Hafen zeigt Ikonen, Mosaiken und Wandmalereien.

Vom Schifffahrtsmuseum gelangt man in das kleine Viertel Topanas, das nach dem venezianischen Pulvermagazin (türkisch: *top hane*) benannt ist, das sich einst in dem Gebiet befand. In dem Viertel gibt es viele Tavernen und Kunsthandwerksläden. Einige der schönen venezianischen Palazzi in den Straßen Angelou, Douka und Moschon wurden später von den Osmanen mit Holzerkern ver-

sehen. Viele der Gebäude wurden in hübsche Hotels umgewandelt.

④

Hassan-Pascha-Moschee

🏛 **Venezianischer Hafen**

Die 1645 zu Ehren des osmanischen Garnisonskommandanten Küçük Hassan Pascha errichtete Moschee ist das älteste osmanische Bauwerk auf Kreta. Das mit mehreren Kuppeln versehene Gebäude wird auch Giali Tzamisi, Ufer- oder Janitscharenmoschee genannt. Es beherbergt heute eine Galerie.

Auf dem Weg von der Hassan-Pascha-Moschee zum Großen Arsenal sieht man am Kastelli-Hügel Reste der ca. 900 Jahre alten byzantinischen Stadtmauer, für deren Bau Steine von antiken Gebäuden genutzt wurden.

⑤

Kydonia

🏛 **Kastelli** 🕐 **tägl. 8–15**

Das Viertel Kastelli erstreckt sich auf dem Siedlungsgebiet des minoischen Kydonia, das der griechischen Mythologie zufolge zu den drei von König Minos gegründeten Städten gehörte. Am Hügel Kastelli wurden an der Odos Kanevarou Mauerreste von großen, reich ausgestatteten Häusern freigelegt. Vermutlich befand sich in der Nähe ein minoischer Palast. In der griechischen Antike war Kydonia ein bedeutender Stadtstaat (Polis). Funde aus der Ausgrabungsstätte sind im Archäologischen Museum ausgestellt.

An der Odos Katre in Kastelli befindet sich ein türkischer Hamam, in der Odos Sifaka verkaufen Läden traditionelle kretische Messer.

Zentrum von Chania

① Leuchtturm
② Venezianischer Hafen
③ Schifffahrtsmuseum von Kreta
④ Hassan-Pascha-Moschee
⑤ Kydonia
⑥ Archäologisches Museum
⑦ Agios Nikolaos
⑧ Markthalle
⑨ Stadtpark
⑩ Etz-Hayyim-Synagoge

Zeichenerklärung
siehe hintere Umschlagklappe

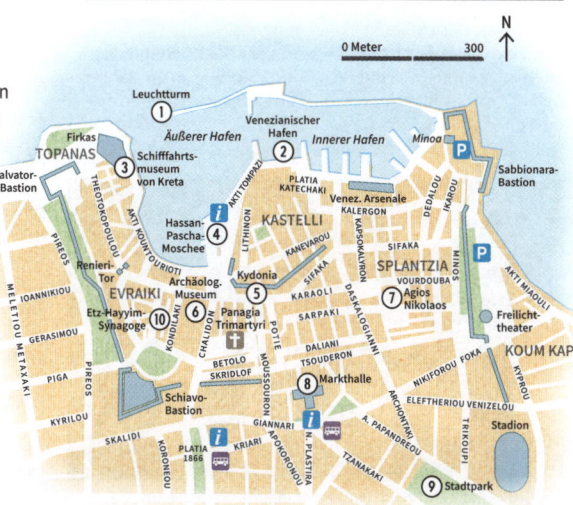

Archäologisches Museum

🏠 Odos Chalidon 28 ☎ +30 28210 90334 🕐 Apr – Okt: Mi – Mo 8 – 20 Uhr; Nov – März: Mi – Mo 8:30 – 16 Uhr 🌐 chaniamuseum.culture.gr

Das Gebäude war ursprünglich eine venezianische Klosterkirche (14. / 15. Jh.), dann eine Moschee. Im Innenhof ist der Reinigungsbrunnen erhalten. Das Museum zeigt minoische Funde, hellenistische und römische Skulpturen sowie Töpferwaren und Schmuck aus Westkreta.

Die Markthalle wurde nach französischem Vorbild erbaut

Agios Nikolaos

🏠 Platia 1821 ☎ +30 28210 52229 🕐 tägl.

Agios Nikolaos wurde 1320 als Kirche eines Dominikanerklosters erbaut. Sie war in venezianischer Zeit die Hauptkirche Chanias. Den Osmanen diente sie als Hauptmoschee. 1928 wurde sie zur orthodoxen Kirche geweiht. Das Gotteshaus ist das einzige in Griechenland, das sowohl einen Glockenturm als auch ein Minarett besitzt. Sehenswert ist vor allem der Kreuzgang der Kirche.

Nach der Besichtigung lohnt ein Bummel durch das ehemalige türkische Viertel Splantzia. Die malerischen Gassen säumen Läden, Cafés

und Tavernen. Wahrzeichen des Viertels ist das Minarett der Aga-Moschee in der Odos Daliani – an der Straße liegen Werkstätten von Gold- und Silberschmieden.

Markthalle

🏠 Platia Markopoulou 🕐 Mo, Mi, Sa 8 – 14, Di, Do, Fr 8 – 21; Panagia Trimartyri ☎ +30 28210 43082 🕐 tägl.

Die Läden in der denkmalgeschützten Markthalle (1913), für deren Gestaltung die Markthalle in Marseille Vorbild war, bieten Käse, Fisch, Brot, Kräuter und Souvenirs. Es gibt auch einige Lokale. Die Markthalle besucht man am besten frühmorgens.

In der Nähe verläuft die Odos Skridlof, in der zahlreiche Läden Lederwaren anbieten. Biegt man rechts ab

auf die Odos Chalidon, passiert man auf dem Weg zum Hafen das Volkskundemuseum und die Kathedrale Panagia Trimartyri (1860).

Stadtpark

🏠 Odos Papandreou / Tzanakaki

In dem 1870 angelegten Park leben Wildziegen in einem Gehege. Ein Freilichtkino bietet Unterhaltung. Auch das historische Café Kipos lohnt einen Besuch.

Etz-Hayyim-Synagoge

🏠 Parados Kondilaki ☎ +30 28210 86286 🕐 Mo – Fr 10 – 16 (Fr bis 13) 🌐 etz-hayyim-hania.org

Kretas jüdische Geschichte reicht rund 2300 Jahre zurück. 1944 wurden die Bewohner von Chanias jüdischem Viertel Evraiki von den deutschen Besatzern auf das Deportationsschiff *Tanais* verbracht. Das Schiff wurde wenige Seemeilen nördlich von Kreta von einem britischen U-Boot bombardiert und sank. Die jüdische Gemeinde Chanias wurde dadurch nahezu ausgelöscht. Die Etz-Hayyim-Synagoge (1669) ist die einzige verbliebene Synagoge auf Kreta.

Die Gasse Agii Deka nahe dem Archäologischen Museum

Webarbeiten und Spitzen

Auf ganz Kreta leuchten auf Märkten und in Läden Teppiche, Decken, Wandbehänge und Rucksäcke in bunten Farben. Die Waren wurden früher ausschließlich auf der Insel gewebt, inzwischen schleicht sich jedoch zunehmend Importware aus dem Ausland ein. Hochwertige handwerkliche Produkte mit komplexen traditionellen Mustern findet man in Museen und Fachgeschäften sowie in den Werkstätten in Dörfern wie Kritsa, Axos und Anogia, die für Webarbeiten bekannt sind.

Läden

Roka Carpets
🅰 B4 🏠 Odos Zambeliou 61, Chania
☎ +30 28210 74736

Kurelu
🅰 L3 🏠 Angeliki Genitsaridou, Monofatsio-Turm, Pyrgos
☎ +30 69797 32924
🆆 kurelu.gr

Arolithos Village Shop
🅰 J2 🏠 Arolithos
☎ +30 28108 21050
🆆 arolithos.com

Schon gewusst?

In Gavalochori östlich von Chania werden kretische Spitzen aus regional produzierter Seide gefertigt.

Spitzendecken sind oft importiert. Die Techniken für die feinen Handarbeiten kannte man auf Kreta schon in der Antike. Die Muster von traditionellen Spitzen lassen häufig venezianische Einflüsse erkennen. Häkelarbeiten werden auch modern variiert.

Bunt bestickte Filzschuhe sind in allen Farben und Größen erhältlich. Sie sind warm und bequem und als Hausschuhe beliebt. Als Mitbringsel sind sie eine Alternative zu Ledersandalen.

Webteppiche mit einfachen geometrischen Mustern sind Unikate. Florale Muster und leuchtende Farben prägen häufig den Stil der kunstvollen Stickereien auf Decken und Überwürfen.

Stavros auf der Halbinsel Akrotiri bietet grandiosen Meerblick

Botanischer Garten und Naturpark von Kreta
🌐 🕐 🍴 🅰 Fournes 📞 +30 28212 00770 🕐 März – Nov: tägl. 9 – 20:30 🌐 botanical-park.com

---

⑪
Halbinsel Akrotiri
Ακρωτήρι
🅰 B5 🏛 Chania 🚌 ✈

Auf der Halbinsel sind im Kloster **Agia Triada** (17. Jh.) Bio-Produkte erhältlich. Von dem Kloster führt ein Weg zum Moni Gouvernetou und, vorbei an der Tropfsteinhöhle Arkoudiotissa (»Bärenhöhle«), durch eine Schlucht zu den Ruinen des Klosters Katholiko. In den nahe gelegenen Höhlen lebten einst Eremiten.

Agia Triada 🌐 🍴 🕐
🏛 Akrotiri 🚌 📞 +30 28210 63572 🕐 tägl. 8 – Sonnenuntergang

---

⑩
Souda
Σούδα
🅰 B5 🏛 Chania 🚌 🅰 6400

In der 15 Kilometer langen und etwa drei Kilometer breite Bucht von Souda liegt der größte und tiefste Naturhafen des Mittelmeers. Er besitzt seit der Antike militärische Bedeutung. Heute befindet sich in der Bucht eine NATO-Marinebasis mit einem Kai für U-Boote und Flugzeugträger.

Der 1870 als osmanische Siedlung gegründete Ort Souda im Südwesten der Bucht verfügt über einen Fähr- und Kreuzfahrthafen. In der Altstadt gibt es Läden und Fischtavernen. Souda lockt wenige Besucher an – die meisten Urlauber reisen weiter in das sieben Kilometer entfernte Chania *(siehe S. 158–160)*.

Umgebung: Einen schönen Blick auf die Bucht von Souda genießt man von den Ruinen des antiken Stadtstaats **Aptera**, die auf einem Plateau in 150 Metern Höhe liegen. Am Rand der Stätte stehen die Relikte eines venezianischen Kastells. Unterhalb von Aptera liegt der Kiesstrand Kalami mit einem kleinen Hafen.

13 Kilometer östlich von Souda bietet Kalives einen hübschen Hafen, Sandstrände

sowie eine Festung und eine Wassermühle aus venezianischer Zeit. Weiter östlich liegen der Badeort Almirida und das Dorf Kokkino Chorio, in dem Szenen des Films *Alexis Sorbas* gedreht wurden.

20 Kilometer südwestlich von Souda bietet der **Botanische Garten und Naturpark von Kreta** Pflanzenpracht, ein Restaurant und einen Laden.

Aptera 🌐 🍴 🕐
🏛 Chania 📞 +30 28250 33425 🕐 Apr – Okt: tägl. 8 – Sonnenuntergang 🌐 odysseus.culture.gr

---

⑫
Stavros
Σταύρος
🅰 A5 🏛 Chania 🚌 🅰 460

In dem Dorf wurde die Szene des Films *Alexis Sorbas* gedreht, in der Sorbas dem Engländer Basil das Tanzen beibringt. Stavros bietet schöne Strände *(siehe S. 22f)*.

Die Ruinen des Klosters Katholiko in beeindruckender Felskulisse

Erdbeben

Im östlichen Mittelmeerraum treten häufig Erdbeben auf, da an dem knapp 1000 Kilometer langen Hellenischen Tiefseebogen, der vom Peloponnes über Kretas Südküste bis nach Rhodos verläuft, die Afrikanische und die Ägäische Kontinentalplatte zusammentreffen. In dieser sogenannten Subduktionszone schiebt sich die Afrikanische Platte mit gewaltiger Kraft unter die Ägäische Platte. Die Spannungen, die sich zum Beispiel durch Verhakungen der beiden Platten aufbauen, entladen sich in Erdbeben. Häufig sind die Erschütterungen kaum wahrnehmbar und richten keinen Schaden an. Immer wieder jedoch führten auf Kreta starke Erdbeben zu weitreichenden Zerstörungen. Zuletzt traten 2021 schwere Beben auf.

Verhalten bei Erdbeben
Gebäude verlässt man nur zu Beginn des Bebens und läuft sofort auf große Freiflächen, um nicht von herabstürzenden Teilen getroffen zu werden. In Häusern sucht man Schutz unter Tischen oder Türrahmen oder legt sich weit von Fenstern entfernt auf den Boden. Im Erdbebensimulator im Naturhistorischen Museum in Iraklio *(siehe S. 90f)* erhält man hilfreiche Hinweise.

Pharos von Alexandria
Der Leuchtturm (3. Jh. v. Chr.), eines der sieben Weltwunder der Antike, wurde 365 n. Chr. durch ein Seebeben, dessen Epizentrum vor Kreta lag, beschädigt. Durch den Tsunami wurden die Küstengebiete im östlichen Mittelmeerraum verwüstet, auf Kreta wurden fast alle Städte zerstört. 1303 und 1323 zerstörten Erdbeben den Pharos vollständig.

Phaestos
Der erste Palast von Phaestos wurde um 1700 v. Chr. durch ein Erdbeben zerstört.

Knossos
Wie fast alle minoischen Paläste wurde auch Knossos mehrfach durch Erdbeben verwüstet.

Chronik

Um 1700 v. Chr.
Zerstörung des Palasts von Phaestos

Um 1630 v. Chr. oder 1520 v. Chr.
Erdbeben und Tsunamis durch den Vulkanausbruch von Santorin

365
Großes Seebeben bei Kreta mit Tsunami, Zerstörung von Küstenregionen und des Pharos von Alexandria

1810
Schäden und Tausende Tote auf Kreta, in Kairo, Malta und Syrien

2021
Zwei Erdbeben mit einem Todesopfer und vielen Verletzten

Um 1700 v. Chr.
Zerstörung der ersten großen Palastanlage von Knossos

Um 1450 v. Chr.
Zerstörung der jüngeren Palastanlagen von Knossos und Phaestos, möglicherweise durch Erdbeben

1303
Erdbeben mit Magnitude 8 auf Kreta, Zerstörung u. a. der Festung von Iraklio

1856
Schäden auf Kreta und in Ägypten, allein in Iraklio Zerstörung der Kirche Agios Titos und über 500 Tote

Samaria-Schlucht

Φαράγγι της Σαμαριάς

Länge 17,5 km **Höhenmeter** 1250 **Start** Xyloskalo, 3 km südlich von
Omalos (C3 – 4) **Ziel** Agia Roumeli (D4) **Dauer** 5 – 6 Stunden (Minimum)

🅰 D4 🏠 44 km südl. von Chania 🚌 Omalos ⛴ Agia Roumeli nach Chora Sfakion
(via Loutro); nach Paleochora (via Sougia); letzte Fähre zurück variiert, vor der Anreise
prüfen ℹ️ Forsthaus Xyloskalo: +30 28237 70046; Forsthaus Agia Roumeli: +30 28250 9125
🕐 Mai – Okt: tägl. 7 –16 (bei guter Witterung) 🌐 samaria.gr

Die Samaria-Schlucht ist eine der längsten Schluchten
Europas. Sie durchzieht die Lefka Ori (»Weißen Berge«)
von der Omalos-Hochebene bis zum Mittelmeer. Wan-
derer durchqueren eine atemberaubende Landschaft.
Der Weg beginnt am Xyloskalo, 44 Kilometer südlich von
Chania, auf 1250 Metern Höhe und endet in dem Dorf
Agia Roumeli. Für die fünf- bis sechsstündige Wande-
rung benötigt man festes Schuhwerk. Am Weg liegen
Trinkwasserquellen. Entlang der Schlucht stehen
Kapellen aus verschiedenen Epochen.

Außerdem

① Agios Nikolaos

② Agios Georgios

③ **Osia Maria**, die kleine Kirche
am Fuß einer steilen Felswand,
birgt Fresken aus dem
14. Jahrhundert.

④ Metamorphosis

⑤ Agia Paraskevi

⑥ Agios Georgios

⑦ Alt-Agia Roumeli (Altes Dorf)

↑ *Der Zickzackpfad mit
Holzgeländer am Be-
ginn der Schlucht heißt
Xyloskalo. Die ersten
beiden Kilometer führen
an Pinien- und Zypres-
senwäldern vorbei. Da-
bei fällt der Pfad um
1000 Höhenmeter ab.*

0 Kilometer   2

N ↑

Die letzten Bewohner der Schlucht verließen das Dorf **Samaria** 1962, als die Gegend Nationalpark wurde. Die Häuser bilden nun eine Geisterstadt, die mehr und mehr verfällt.

Agios Georgios
② ⛪

🏠 Samaria
③
⛪ Osia Maria

⛪

Metamorphosis
④ ⛪

Sideroportes

⛪ ⑤ Agia Paraskevi
Agios Georgios
⛪ ⑥   ⑦ Alt-Agia-Roumeli
🏠

a Roumeli
🟥 **ZIEL**

↑ *Zwölf Kilometer vom Xyloskalo entfernt ist die Schlucht nur noch drei Meter breit. Die Felswände ragen 700 Meter empor. Diese engste Stelle der Schlucht wird Sideroportes (»Eiserne Pforte«) genannt.*

Nahe den Ruinen des Dorfs Samaria steht die weiß gekalkte Kapelle **Agios Christos** unter einer überhängenden Felswand.

Die Einwohner von Alt-Agia-Roumeli verließen ihr Dorf in den 1960er Jahren und zogen an die Küste. Das neue **Agia Roumeli** bietet Tavernen und Unterkünfte. Das Dorf erstreckt sich an einer einzigen Straße.

Schon gewusst?

Im Sommer durchqueren täglich rund 4000 Wanderer die Samaria-Schlucht.

Die Uferpromenade von Chora Sfakion säumen Tavernen

⑭

Chora Sfakion

Χώρα Σφακίων

🅰 D5 🏠 Chania

🚌 ⛴ 🚠 200 🚕

Von der grünen Askifou-Hochebene in den Lefka Ori führt eine kurvige Straße durch die eindrucksvolle Landschaft hinunter nach Chora Sfakion. Der ruhige kleine Hauptort der gebirgigen Region Sfakia bietet Läden, Tavernen, zwei

Imbros-Schlucht

Kiesstrände und einen Hafen, von dem Boote zu umliegenden Ausflugszielen ablegen.

Nach einer Wanderung durch die Samaria-Schlucht *(siehe S. 164f)* kann man den Ausflug durch eine Bootsfahrt von Agia Roumeli nach Chora Sfakion verlängern.

Umgebung: Von Mai bis September setzen ein- bis dreimal pro Woche Fähren von Chora Sfakion zu der Insel Gavdos über, auf der sich wunderschöne Strände *(siehe S. 25)* befinden.

Per Boot oder in rund 45 Minuten zu Fuß erreicht man den herrlichen Strand Glyka Nera *(siehe S. 171)*.

Nahe dem idyllischen Küstendorf Loutro, westlich von Chora Sfakion, liegen schöne Strände. Per Boot oder in einer Stunde zu Fuß gelangt man zu dem Strand Marmara am Ausgang der Aradena-Schlucht. In dem verlassenen Bergdorf Aradena, das man nach einer rund vierstündigen Wanderung erreicht, überspannt eine 138 Meter hohe Brücke die engste Stelle der Schlucht. Von Juni bis Oktober bietet **Liquid Bungy** an der Brücke Bungee-Jumping an – die Sprünge gelten als die höchsten von einer Brücke innerhalb Europas.

Liquid Bungy

🔗 🏠 Brücke in der Aradena-Schlucht ☎ +30 69376 15191 🅦 bungy.gr

⑮ 🧗

Imbros-Schlucht

Φαράγγι της Ίμπρου

🅰 D5 🏠 Chania 🚌

🕐 tägl. 7 – Sonnenuntergang

Die Erkundung der acht Kilometer langen Schlucht ist eine gute Alternative zu einer Wanderung durch die Samaria-Schlucht *(siehe S. 164f)* – die Imbros-Schlucht ist ganzjährig zugänglich und weniger stark besucht. Im Frühjahr bezaubert die Wildblumenblüte.

Der Zugang erfolgt von dem Dorf Imbros aus. Die Wanderung führt in ca. 2,5 Stunden an die Küste nach Komitades. Man benötigt festes Schuhwerk. In der engen Schlucht ist es oft schattig, die Felswände sind teils nur zwei Meter voneinander entfernt. In Imbros und Komitades gibt es Tavernen. Zwischen Komitades und Imbros verkehren Busse. Komitades bietet außerdem eine Busverbindung nach Chora Sfakion. Die Kirche Agios Georgios in Komitades birgt Fresken (1314) von Ioannis Pagomenos.

Frangokastello

Φραγκοκάστελλο

🅰 D6 🏠 Chania 🚌 🚩 150
🏛 Festung: 🕐 Mai, Juni: tägl.
10–18; Juli–Okt: tägl. 10–20

Ruinen der veneziansichen Festung Frangokastello

Die Streusiedlung liegt auf einer weiten Ebene am Rand der Lefka Ori. Namengebend war die Festung Frangokastello (14. Jh.), die die Venezianer zum Schutz vor Piraten errichteten. 1770 wurde Daskalogiannis, der die kretischen Aufstände gegen die Osmanen anführte, in der Festung gefangen genommen. Während der Griechischen Revolution 1828 wurden am Frangokastello griechische Soldaten von den Osmanen niedergemetzelt. Um den Jahrestag herum, so die Sage, schreiten die Geister der Besiegten aus den nahen Sanddünen. Die Festung dient im Sommer für Veranstaltungen.

Tsikoudia

Auf dem Festland nennt man ihn Tsipouro, auf Kreta Tsikoudia oder Raki. Der Tresterschnaps wird aus Traubenmaische destilliert. Er enthält zwischen 30 und 40 Volumenprozent Alkohol. Tsikoudia wird in *kafenia* und *rakadika* ausgeschenkt, aber auch in Restaurants und Tavernen. Man trinkt ihn zu *mezedes* oder als Digestif. In manchen Lokalen erhält man ihn vor dem Essen als Gratisgetränk. Er findet sogar als Medizin äußerlich und innerlich Anwendung. Tsikoudia wird in Großbrennereien und in kleinen traditionellen Destillerien (*kasania*) produziert, zum Beispiel in Fournes im Weinland bei Archanes *(siehe S. 110)*. Von Oktober bis Dezember stehen viele der Destillerien für Besucher offen.

Die Qualität des Tsikoudia hängt wie beim Wein von vielen Kriterien ab, u. a. vom Zuckergehalt der Trauben. Der Überlieferung nach wurde Tsikoudia erstmals von Mönchen im 14. Jahrhundert gebrannt.

Beim Brennen wird, vereinfacht beschrieben, gegorene Trestermaische in einem Kupferkessel erhitzt. Der in der Maische entstandene Alkohol verdampft und wird zu einem Kühler geleitet, wo er kondensiert. Die auf diese Weise gewonnene Flüssigkeit ist der Tsikoudia.

Es gibt mehrere Varianten des Tsikoudia. Eine westkretische Spezialität ist der Mournoraki, der aus Maulbeeren gebrannt wird. Den mit Honig, Zimt und anderen Gewürzen verfeinerten Rakomelo trinkt man üblicherweise warm.

Kastelli Kissamou liegt nördlich der Lefka Ori (»Weißen Berge«)

Sougia
Σούγια

🅰 D3 🏛 Chania 🚌 🏔 140
🚢 🚕 🌐 sougia.info

Der Ort liegt abgeschieden in einer Bucht an einem langen Sand- und Kiesstrand.

Umgebung: Vom Hafen führt ein Pfad in 90 Minuten zu den Ruinen des antiken Lissos und ein anspruchsvoller Küstenweg innerhalb von vier Stunden zur Tripiti-Schlucht.

Paleochora
Παλαιόχωρα

🅰 D2 🏛 Chania 🚌 🚢
🏔 2000 🎨 Paleochora
Art Week (Juni) 🚕
Der Hauptort im Südwesten hat dörflichen Charme, bietet

Urlaubern aber eine gute Infrastruktur, zwei Strände *(siehe S. 22)* und die meisten Sonnenstunden auf ganz Kreta. Vom Hafen fahren Boote zu den Inseln Elafonisi *(siehe S. 25* und *S. 170)* und Gavdos *(siehe S. 25).*

Umgebung: Bei dem winzigen Dorf Agia Irini, 55 Kilometer nordöstlich von Paleochora, liegt der Zugang zur Agia-Irini-Schlucht. Der Weg durch die Schlucht ist 7,5 Kilometer lang. Sie ist ganzjährig zugänglich.

Kastelli Kissamou
Καστέλλι Κισσάμου

🅰 B2 🏛 Chania 🚌 🚢
🏔 4300 🚕

Die von behördlicher Seite in Kissamos umbenannte Stadt

ist immer noch vorwiegend unter ihrem alten Namen Kastelli Kissamou bekannt. Sie liegt am Golf von Kissamos, der von den Halbinseln Gramvousa und Rodopou umrahmt wird. Auf den Halbinseln locken Wanderwege und einsame Buchten. Kastelli Kissamou ist ideale Basis für Ausflüge zu den Stränden Balos und Falasarna *(siehe S. 24f)* und in das bergige Hinterland mit den malerischen Dörfern.

Der Ort bietet zwei lange Sand- und Kiesstrände. Landwirtschaft und Fischerei sind die Haupterwerbszweige. Besucher schätzen das authentische Flair. Im Zentrum locken *kafenia* und *rakadika*, am Hafen Fischtavernen. Es gibt ein **Archäologisches Museum.**

Archäologisches Museum
 🏛 Platia Tzanakaki 📞 +30 28220 83308
🕐 Di – So 8:30 –15

Balos
Μπάλος
🅰 A1 🏛 Chania 🚢

Der malerische Strand *(siehe S. 24)* liegt auf der Halbinsel Gramvousa, die einst das Refugium von Piraten war. Man erreicht ihn am besten per Boot von Kastelli Kissamou aus. Der Blick auf die Küste bei der Überfahrt ist schön.

Der wunderschöne Strand Balos erstreckt sich auf der Halbinsel Gramvousa

Wale und Delfine

Wer mit dem Boot in einigem Abstand zur kretischen Küste unterwegs ist, trifft nicht selten auf Delfine, die sich bisweilen sogar neugierig nähern. In den Gewässern im Nordosten und Südwesten ist die Wahrscheinlichkeit, Delfinen zu begegnen, besonders hoch. Vor der unbewohnten Insel Dia bei Iraklio kann man die munteren Tiere manchmal beim Schnorcheln erspähen. Weitaus größere Meeressäuger kann vor der Südküste Kretas beobachten: In den Gewässern sind Schnabelwale beheimatet, und auch Grind- und Schwertwale wurden gesichtet. Pottwale, die »Giganten der Meere«, sind vor der Südküste Kretas ebenfalls anzutreffen.

Entdeckertipp
Delfine

Die häufigsten Delfine vor Kreta sind Streifendelfine. In tieferen Gewässern schwimmen Rundkopfdelfine, die jedoch Küsten und Schiffe meiden. In den seichten Gewässern um die Insel Gavdos kann man Tümmler beobachten.

In den Gewässern vor Südwestkreta leben Schätzungen zufolge rund 200 Pottwale. Die zu den gefährdeten Arten zählenden Tiefseejäger ernähren sich hauptsächlich von Tintenfischen, die sie in dieser Region im Hellenischen Tiefseegraben in ausreichender Menge finden.

Schon gewusst?

Pottwale können rund 100 Minuten lang und weit über 1000 Meter tief tauchen.

Delfine faszinierten schon die Minoer, die sie auf farbenfrohen Fresken abbildeten. Der griechischen Mythologie zufolge ritt Demeter, die Göttin der Fruchtbarkeit, auf einem Delfin.

Wale atmen durch ihr Blasloch ein und aus. Beim Ausatmen kondensiert die warme Atemluft und wirkt wie eine Fontäne.

Die schönsten Strände Westkretas

Weicher Sand, Lagunen in leuchtendem Türkis – manche Strände in Westkreta besitzen Südseeflair. Andere haben typisch kretischen Charakter – mit Hafen, Fischerbooten, Tavernen, Tamarisken und dem einzigartigen griechischen Licht, das das Blau des Meers noch intensiver erscheinen lässt. Wer zum Strandglück weder Liegen noch Unterhaltung braucht, findet insbesondere an der Südküste ruhige Abschnitte vor – mit flachem Wasser zum Baden und Felsen zum Schnorcheln.

Schon gewusst?

Die Insel Elafonisi darf man betreten – in dem Naturschutzgebiet sollte man aber rücksichtsvoll sein.

Der Strand von Balos liegt an einer türkisblauen Lagune

① **Balos** *siehe S. 24 und S. 168.*

② **Elafonisi** *siehe S. 25.* Den Strand vor der unter Naturschutz stehenden Insel haben winzige Muschelteilchen rosa gefärbt. An dem Strand nisten Unechte Karettschildkröten. Einen Kilometer östlich bietet der abgeschiedene, von Wacholderbäumen gesäumte Strand **Kedrodasos**

kristallklares Wasser und ein herrliches Naturerlebnis.

③ **Paleochora** *siehe S. 22 und S. 168.*

④ **Agia Roumeli** Die meisten Besucher halten sich nach der Wanderung durch die Samaria-Schlucht nur kurz in dem Dorf auf. Wer über Nacht bleibt, kann die wunderschöne Landschaft und die insge-

samt drei Kilometer langen Strände, die sich zu beiden Seiten von Agia Roumeli erstrecken, in Ruhe genießen. Die Strände liegen vor traumhafter Bergkulisse.

⑤ **Loutro** Das nur per Boot oder in mehrstündigen Wanderungen erreichbare Dorf bietet ruhige Strände. Der Kiesstrand von Loutro liegt in einer schönen Bucht, die

Der traumhaft schöne Palmenstrand von Preveli

	①	②	③	④	⑤	⑥	⑦	⑧	⑨	⑩
Blaue Flagge		★	★					★	★	★
Sauberkeit	★	★	★	★	★	★	★	★	★	★
Ruhe				★			★			
Party										
Toiletten	★	★	★	★	★	★	★	★	★	★
Duschen		★	★	★	★			★	★	★
Liegen und Schirme	★	★	★	★	★			★	★	★
Rettungsschwimmer		★	★					★	★	★
Wassersport		★	★	★	★	★		★	★	★
Meeresschildkröten	★	★							★	
Gastro / Shopping	★	★	★	★	★	★	★	★	★	★
Kinderfreundlich	★	★	★	★		★		★	★	★
Rollstuhlgerecht		★							★	
Glasbodenboote										★
Parken		★	★			★		★	★	★

An dem Strand vor Elafonisi nisten Meeresschildkröten

Am Strand von Loutro herrscht idyllische Ruhe

Tavernen und weiße Häuser säumen. Zum Strand **Glyka Nera** (»süßes Wasser«) gelangt man zu Fuß in einer Stunde. Der wunderschöne Strand liegt vor steilen Felswänden an klarem Wasser.

⑥ Preveli *siehe S. 25* und *S. 156.*

⑦ Agios Pavlos Der Strand des winzigen Küstendorfs liegt geschützt in einer wunderschönen Bucht. Richtung Westen führt ein Fußweg über das Kap Melissa zu dem idyllischen Strand **Akoumiani Gialia**, der von Dünen gesäumt ist. Faszinierend sind auch die außergewöhnlich gefalteten Felsformationen am Kap Melissa.

⑧ Georgioupoli *siehe S. 23* und *S. 150.*

⑨ Stavros *siehe S. 22f* und *S. 162.*

⑩ Kalathas Der weiche Sandstrand der kleinen Siedlung auf der Halbinsel Akrotiri liegt in der Nähe von Chania. An dem Strand kann man herrliche Sonnenuntergänge beobachten. Das flache Wasser ist perfekt für Kinder, an der vorgelagerten kleinen Insel kann man schnorcheln.

Restaurants

In den malerischen Gassen der Altstadtkerne von Chania und Rethymno reihen sich Restaurants, Cafés, Bars und Clubs. Rund um die venezianischen Häfen der beiden Städte findet jeder Besucher ein passendes Lokal. Viele Restaurants befinden sich in geschmackvoll renovierten historischen Gebäuden, die aus venezianischer oder osmanischer Zeit stammen – man speist in stimmungsvollem Ambiente.

Gefüllte Weinblätter (dolmades) – ein griechischer Klassiker

Restaurants und Cafés

CHANIA: Koukouvaya €
Café
Alexi Minoti, 73100
📞 +30 28210 27449   🕐 tägl.
🌐 koukouvaya.gr
Spezialität des Hauses ist Schokoladenkuchen. Die Aussicht auf Chania ist grandios.

CHANIA: Salis €€€
Neue kretische Küche
Akti Enoseos 3, 73100
📞 +30 28210 43700   🕐 tägl.
🌐 salischania.com
Das Gourmet-Restaurant liegt am venezianischen Hafen. Die modernen Variationen kretischer Gerichte begeistern.

CHANIA: Tamam €€
Kretisch-orientalisch
Zampeliou 49, 73100
📞 +30 28210 96080   🕐 tägl.
🌐 tamamrestaurant.com
Das exzellente Lokal befindet sich in den Räumen eines ehemaligen osmanischen Hamam.

PLATANI, SOUDA:
Don Rosario €€€
Italienisch
Nahe der E75, 73200
📞 +30 28210 23663   🕐 tägl.
Das italienische Restaurant mit hübscher Terrasse serviert hervorragende Fischgerichte.

RETHYMNO:
Castelvecchio €€
Kretisch
Chimaras 29, 74100
📞 +30 28310 55163   🕐 tägl.
🌐 castelvecchiogr.weebly.com
In dem familiengeführten Lokal in einem venezianischen Gebäude speist man romantisch am offenen Kamin oder im Freien unter Bougainvilleen.

RETHYMNO:
La Boheme €€
Mediterran / kretisch
Souliou 15, 74100
📞 +30 28315 00881   🕐 tägl.
🌐 laboheme.rethymnon.com
Das Restaurant in einem venezianischen Palazzo überzeugt mit exzellenten Speisen.

RETHYMNO: Yaourtaki €
Café
Ari Velouchioti 1, 74100
📞 +30 28310 28781   🕐 tägl.
Bei Yaourtaki gibt es Frozen Yogurt und Eis in zahlreichen Variationen. Außerdem werden Tee, Kaffee, Milkshakes und Säfte angeboten.

Bars und Clubs

CHANIA:
Kritamon Wine Bar €€
Weinbar
Kondilaki 38 – 40, 73131
📞 +30 2821 601620   🕐 tägl.
Neben der großen Auswahl an griechischen Weinen lockt die moderne kretische Küche.

CHANIA: Kibar – To Monastiri tou Karolou €€
Bar
Chatzimichali Ntaliani 22, 73100
📞 +30 69745 56106   🕐 tägl.
Die Bar im Innenhof eines alten Klosters bietet bis frühmorgens Cocktails. Oft legen DJs auf. Es gibt auch eine Kunstgalerie.

RETHYMNO: Cul de Sac €
Café-Bar
Platia Titou Petichaki 7, 74100
📞 +30 69463 41161   🕐 tägl.
🌐 culdesac.gr
Die Café-Bar lockt mit Kaffee- und Teespezialitäten, Kuchen, kleinen Mahlzeiten und einer langen Cocktailkarte.

RETHYMNO: Ice Club €
Club
Salaminos 22, 74100
📞 +30 69841 48786   🕐 tägl.
In dem Club an der Festung feiert man bei guter Musik.

Dorade vom Grill wird seit der Antike in Griechenland gegessen

Griechischer Joghurt, versüßt mit Honig und Beeren

Shopping

In den Altstädten von Chania und Rethymno findet man neben den üblichen Souvenirs schöne Kunsthandwerksprodukte. Ein Shoppingbummel durch die schmalen Gassen ist ein Vergnügen. Wer Lederwaren liebt, wird in Chanias »Lederstraße« Odos Skridlof sicher fündig.

CHANIA: Abea Deli Shop €€
Seide
Skalidi 116, 73100
☎ +30 28210 92949
🕐 tägl.
🌐 abea.gr
Die Ölmühle Abea ist seit 1889 in Betrieb. Im Shop werden Olivenöl sowie schön verpackte Seifen und Kosmetikartikel auf Basis von Olivenöl verkauft.

Kette bei Feel, Rethymno

Keramik bei Flakatoras, Chania

Designerschmuck von (Ohr-)Ringen bis zu Broschen.

CHANIA: Flakatoras €
Keramik
Zampeliou 19, 73100
☎ +30 69809 09010 🕐 tägl.
Der Familienbetrieb verkauft in dem bezaubernden Innenhof des Altstadthauses bunte Keramiken. Auch Keramikschmuck gehört zum Angebot. Besucher können das Atelier besichtigen und an Töpferkursen teilnehmen.

CHANIA: Mediterraneo Bookstore €
Bücher und Karten
Akti Kountourioti 57, 73131
☎ +30 28210 86904 🕐 tägl.
Die Buchhandlung am venezianischen Hafen bietet eine große Auswahl an Landkarten und Büchern über Kreta und Griechenland – auch auf Deutsch.

PRINES: Alexandra Icons €€€
Ikonen
Prines, 74100
☎ +30 69464 98399
🕐 auf Anfrage
🌐 alexandraicons.gr
Alexandra Kaouki fertigt in ihrem Atelier nahe Chania Ikonen in der Tradition der Kretischen Schule an. Die Werke kann man erwerben.

RETHYMNO: Feel €€
Schmuck
Platia Titou Petichaki 1, 74100
☎ +30 28310 30042 🕐 tägl.
🌐 silver-jewellery.gr
Der kleine Laden am Rimondi-Brunnen bietet hübschen Silberschmuck – zum Teil mit außergewöhnlichen Designs.

CHANIA: Ekaterini €€€
Schmuck
Kondilaki 41, 73131
☎ +30 28211 14643 🕐 tägl.
🌐 ekaterinishop.gr
Der Juwelier nahe dem venezianischen Hafen bietet schönen

Wellness

Die Seele baumeln lassen, dem Alltag entfliehen, zur Ruhe kommen und innere Balance finden – wer sich im Urlaub verwöhnen lassen möchte, findet dazu vor allem in Chania und Rethymno die Gelegenheit.

CHANIA: Al Hammam €€
Spa
Platia E. Venizelou 14, 73100
☎ +30 28210 59005 🕐 tägl.
🌐 alhammam.gr
Das Spa führt die Traditionen eines osmanischen Hammams fort. Man kann in wunderbarem Ambiente im Dampfbad entspannen sowie Massagen und kosmetische Gesichts- und Ganzkörperbehandlungen genießen. Es gibt spezielle Angebote für Paare. Auch Maniküre und Pediküre gehören zum Wohfühlprogramm des Al Hammam.

CHANIA: Ariel Fish Spa €
Fish Spa und Nagelstudio
Chalidon 76, 73100
☎ +30 28210 44295 🕐 Mo
Zur Pflege taucht man die Füße in Wasserbecken und lässt die obersten abgestorbenen Hautschuppen von kleinen Fischen abknabbern. Das Nagelstudio bietet Schönheit für die Hände.

RETHYMNO: Agigma €€
Beauty und Massage
Machiton Cholis Chorofilakis 6, 74100
☎ +30 28310 22060 🕐 So
🌐 agigma.gr

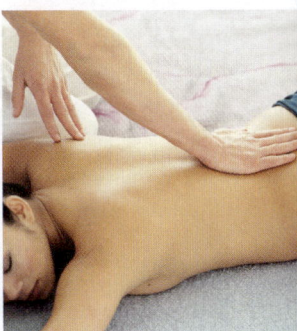

Massagen heilen und entspannen

Der Beauty-Salon bietet verschiedenste Gesichts- und Körperbehandlungen. Die Masseure beherrschen das gesamte Spektrum von klassischen Anwendungen über Fußreflexzonenmassage bis hin zur Bowen-Therapie.

REISE-INFOS

Hassan-Pascha-Moschee am Hafen von Chania

KRETA
REISEPLANUNG

Mit den folgenden Informationen zu Planung, Einreise und Aufenthalt sind Sie optimal auf Ihre Reise nach Kreta vorbereitet.

Auf einen Blick

Währung
Euro (EUR)

Ausgaben pro Tag

Sparsam	Preis-bewusst	Luxus
60 €	**120 €**	**200+ €**

Mineral-wasser	Kaffee	Bier	Essen für zwei
1 €	**2,50 €**	**4 €**	**60 €**

Nützliche Ausdrücke

Aerodromio	Flughafen
Stasi leoforeíou	Bushaltestelle
Taxi	Taxi
Ferryboat	Fähre
Limani	Hafen

Strom
Die Stromspannung auf Kreta beträgt 230 Volt bei 50 Hz. Flache, zweipolige Stecker passen immer.

Einreise
Griechenland gehört zum Schengenraum, für Bürger aus der EU und der Schweiz gibt es keine Formalitäten bei der Ein- und Ausreise. Es ist jedoch Pflicht, einen gültigen Personalausweis oder Reisepass mitzuführen. Kinder jeden Alters benötigen eigene Ausweisdokumente. Als Urlauber darf man sich bis zu 90 Tage in Griechenland aufhalten.

Zoll
Besucher aus EU-Mitgliedsstaaten dürfen folgende Waren für den persönlichen Gebrauch zollfrei einführen:
Tabakwaren: 800 Zigaretten, 400 Zigarillos, 200 Zigarren oder 1 Kilogramm Tabak.
Alkohol: 10 Liter alkoholische Getränke mit mehr als 22 Volumenprozent, 90 Liter Wein oder 110 Liter Bier.
Bargeld: Eine Bargeldmenge über 10 000 Euro muss bei Ein- und Ausreise deklariert werden.

Die Einfuhr von Rauschmitteln und Waffen (auch Verteidigungssprays) ist verboten und wird hart bestraft. Der unerlaubte Besitz und die versuchte Ausfuhr von archäologischen Gegenständen werden ebenfalls mit hohen Strafen belegt. Für den Erwerb und die Ausfuhr von Antiquitäten benötigt man eine Genehmigung des Griechischen Kulturministeriums.

Sicherheitshinweise
Aufgrund unvorhersehbarer Entwicklungen kann es zu Änderungen und Einschränkungen kommen. Aktuelle Informationen zur Einreise sowie Sicherheitshinweise finden Sie auf der Internetseite des Auswärtigen Amts bzw. der entsprechenden Ämter in Österreich und der Schweiz. Die Außenministerien stellen außerdem kostenlose Apps zur Verfügung, über die Reisende sofort von Veränderungen der Sicherheitslage erfahren.
Deutschland
W auswaertiges-amt.de
Österreich
W bmeia.gv.at
Schweiz
W eda.admin.ch

Versicherung

Gesetzlich krankenversicherte EU-Bürger haben bei Vorlage der **europäischen Krankenversicherungskarte (EHIC)** Anspruch auf Behandlung bei Ärzten und Zahnärzten sowie in staatlichen medizinischen Einrichtungen, wenn diese dringend erforderlich ist.

Es empfiehlt sich jedoch, eine Auslandsreisekrankenversicherung abzuschließen, die den Rücktransport ins Heimatland sowie die Behandlung bei Privatärzten oder in Privatkliniken abdeckt, die meist besser ausgestattet sind als die staatlichen Einrichtungen.
EHIC
W ec.europa.eu

Bezahlen

Die gängigen Kreditkarten werden auf Kreta in den meisten Läden und Restaurants akzeptiert. In den größeren Städten ist auch kontaktloses Bezahlen möglich. In den Städten und Urlaubsorten sowie an den Flughäfen gibt es Geldautomaten (POS), an denen man mit Kredit- und Debitkarten Geld abheben kann. Melden Sie den Verlust Ihrer Karte sofort.

Es empfiehlt sich, stets auch Bargeld mitzuführen, da vor allem in ländlichen Gebieten, auf Märkten sowie in kleinen Läden und Lokalen nur Barzahlung möglich ist.
Kreditkartenverlust
C +49 116 116 W sperr-notruf.de

Reisende mit besonderen Bedürfnissen

In jüngster Zeit wurden die Bemühungen verstärkt, Kreta für Reisende mit körperlichen Einschränkungen zugänglich zu machen. Seit 2018 sind Hotels gesetzlich dazu verpflichtet, mindestens ein rollstuhlgerechtes Zimmer mit eigenem Bad zur Verfügung zu stellen. Allerdings kommen nicht alle Unterkünfte dieser Vorschrift nach. Restaurants verfügen selten über behindertengerechte Toiletten. In modernen Museen und an immer mehr Stränden sind Einrichtungen für Behinderte vorhanden.

In diesem Reiseführer wurden Strände als »rollstuhlgerecht« gekennzeichnet, wenn man sie mit dem Auto oder über befestigte Wege auch mit eingeschränkter Mobilität erreicht. Einige kretische Strände sind mit dem barrierefreien System **Seatrac** von Tobea aus-

gestattet. Auf der Website der Firma kann man die Standorte nachsehen.
Seatrac
W tobea.gr

Hotels

Die Bandbreite an Unterkünften auf Kreta reicht von der Pension bis zum Luxushotel. Die meisten Fünf-Sterne-Hotels sind an den Küsten und in der Umgebung von Agios Nikolaos und Elounda zu finden. Manche Boutiquehotels in Chania und Rethymno befinden sich in restaurierten venezianischen Gebäuden. Hotels kann man über den **griechischen Hoteliersverband** suchen. Wer in der Hochsaison (Juli/Aug) nach Kreta reisen möchte, sollte früh buchen. In der Nebensaison kann man dagegen oft spontan und zu viel niedrigeren Preisen eine Unterkunft finden.
Griechischer Hoteliersverband
W grhotels.gr

Öffnungszeiten

In diesem Reiseführer sind für alle Sehenswürdigkeiten die aktuellen Öffnungszeiten angegeben, allerdings ändern sich diese oft kurzfristig. Viele große Museen und archäologische Stätten haben montags geschlossen. Läden schließen meist über mittag. Supermärkte und Shops in den Urlaubszentren haben längere Öffnungszeiten und sind auch sonntags geöffnet. Banken und Postfilialen öffnen nicht an den Wochenenden.

Feiertage	
1. Jan	Neujahr (Protochronia)
6. Jan	Heilige Drei Könige (Theofania)
Feb/März	»Sauberer Montag« (Kathari Deftera)
25. März	Unabhängigkeitstag (Ikosi-pempti Martiou)
Apr/Mai	Ostersonntag (Kiriaki tou Pascha) Ostermontag (Deftera tou Pascha)
1. Mai	Tag der Arbeit (Ergatiki Protomagia)
Mai/Juni	Pfingsten (Pentekosti)
15. Aug	Mariä Himmelfahrt (Kimisi tis Theotokou)
28. Okt	Nationalfeiertag (Epetios tou »Ochi«)
25./26. Dez	Weihnachten (Christougenna)

AUF KRETA
UNTERWEGS

In den Städten auf Kreta kommt man am besten mit öffentlichen Verkehrsmitteln voran. Für Fahrten über Land empfehlen sich Mietwagen oder Busse.

Auf einen Blick

Überlandbusse ab Iraklio

Einfaches Ticket

7,10 €

Agios Nikolaos
(1,5 Stunden)

Einfaches Ticket

7,60 €

Rethymno
(1,5 Stunden)

Einfaches Ticket

13,80 €

Chania
(3 Stunden)

Geschwindigkeitsbegrenzungen

Autobahn

90* / 110
km/h

Land-straße

70* / 90
km/h

Innerhalb von Ortschaften

40* / 50
km/h

* Motorräder

Anreise mit dem Flugzeug
Internationale Flüge

Vom Beginn der Vorsaison im April bis zum Ende der Nachsaison Anfang November bieten zahlreiche internationale Fluggesellschaften Verbindungen nach Kreta an. In der Regel handelt es sich dabei um Direktflüge, die je nach Abflugsort zwischen 2,5 Stunden und gut drei Stunden dauern.

Auch außerhalb der Urlaubssaison ist Kreta von Deutschland, Österreich und der Schweiz aus regelmäßig mit Linienflügen erreichbar. Die griechische Fluggesellschaft **Aegean Airlines** sowie u. a. **Lufthansa**, **Austrian** und **Swiss** fliegen Kreta von mehreren Städten in Deutschland, Österreich und der Schweiz aus ganzjährig an – direkt oder mit einem Zwischenstopp, z. B. in Athen.

Inlandsflüge

Aegean Airlines sowie Regionalfluggesellschaften wie **Sky Express** und **Olympic Air** bieten innergriechische Flüge vom Festland und von anderen Inseln nach Kreta an. Von Athen und Thessaloniki aus bestehen ganzjährig, von Alexandroupoli und Volos saisonal Verbindungen nach Iraklio und Chania. Die Strecken von Santorin, Kos, Rhodos und anderen Inseln werden ebenfalls meist saisonal bedient.

Aegean Airlines
W aegeanair.com
Austrian
W aua.com
Lufthansa
W lufthansa.com
Olympic Air
W olympicair.com
Sky Express
W skyexpress.gr
Swiss
W swiss.com

Flughäfen

Auf Kreta gibt es zwei internationale Flughäfen: Der **Aerolimenas Nikos Kazantzakis** (HER) liegt fünf Kilometer östlich von Iraklio. Er ist nach dem Flughafen in Athen der zweit-

Vom Flughafen in die Stadt

Iraklio	Bus	20 Min.	2 €
Iraklio	Taxi	20 Min.	ca. 20 €
Chania	Bus	30 Min.	2,50 €
Chania	Taxi	25–30 Min.	ca. 25 €

größte Griechenlands und in der Hochsaison stark frequentiert. Besucher sollten sich bei der Abreise frühzeitig einfinden, da wegen des großen Andrangs Verzögerungen bei der Abfertigung möglich sind. Der Aerolimenas Nikos Kazantzakis wird voraussichtlich 2025 durch eine neue Anlage bei Kastelli, 36 Kilometer südöstlich von Iraklio, ersetzt.

Der **Aerolimenas Ioannis Daskalogiannis** (CHQ), der zweite internationale Flughafen auf Kreta, befindet sich 15 Kilometer östlich von Chania auf der Halbinsel Akrotiri.

Der **Aerolimenas Vitsentzos Kornaros** (JSH), einen Kilometer nördlich von Sitia, dient vorwiegend für Inlandsflüge. Er wird nur von einigen internationalen Linien bedient.

Aerolimenas Ioannis Daskalogiannis, Chania
W chq-airport.gr
Aerolimenas Nikos Kazantzakis, Iraklio
W heraklion-airport.gr
Aerolimenas Vitsentzos Kornaros, Sitia
W ypa.gr

Flughafentransfer

Vom Flughafen in Iraklio fahren Linienbusse zu den beiden Busbahnhöfen der Stadt, im Sommer im Fünf- bis Zehn-Minuten-Takt. Die Fahrtzeit beträgt ca. 20 Minuten. Zudem bestehen Busverbindungen in die Urlaubsorte Chersonissos und Malia. Auch vom Flughafen Chania fahren mehrmals täglich Linienbusse ins Stadtzentrum (Fahrtzeit: ca. 30 Minuten). Tickets sind in den Bussen erhältlich. An beiden Flughäfen gibt es Taxistände.

Fährverbindungen

An der Nordküste Kretas liegen die großen Fährhäfen Iraklio und Chania. In Iraklio legen die Fähren am Rand des Stadtzentrums an. Chanias Hafen befindet sich in Souda, sieben Kilometer östlich der Stadt. Von dort fahren Busse nach Chania.

Autofähren von **ANEK Lines** und **Blue Star Ferries** fahren von Athens Hafen Piräus aus über Nacht in neun Stunden nach Iraklio sowie in 8,5 Stunden nach Chania. Nach Iraklio gelangt man auch mit **Minoan Lines**.

Von Rhodos, Santorin und weiteren Inseln im Ägäischen Meer steuern Fähren die Städte an der kretischen Nordküste an *(siehe hintere Umschlaginnenseiten)*. Zu den Anbietern gehören ANEK Lines, **Hellenic Seaways** und **Seajets**.

Tickets für Fähren kann man vor der Abfahrt in den Häfen oder in Reisebüros kaufen. Vor allem in der Hochsaison und zu Feiertagen sollte man die Überfahrt im Voraus buchen. Buchungsmöglichkeiten bieten auch die Websites www.directferries.de, www.greece-ferries.com, www.greekferries.gr und www.gtp.gr.

ANEK Lines
W anek.gr
Blue Star Ferries
W bluestarferries.com
Hellenic Seaways
W hellenicseaways.gr
Minoan Lines
W minoan.gr
Seajets
W seajets.gr

Kreuzfahrten

Die Häfen von Iraklio und Chania (Souda) werden von vielen Kreuzfahrtschiffen angelaufen. In Iraklio führt vom Fährhafen ein markierter Fußweg in rund 15 Minuten in die Altstadt. Vom Busbahnhof nahe dem Fährhafen bestehen häufige Verbindungen nach Knossos. Vom Hafen in Souda gelangt man mit dem Taxi in wenigen Minuten in die Altstadt von Chania.

Auch der Hafen von Agios Nikolaos wird von Kreuzfahrtschiffen bedient. Er liegt direkt in der Altstadt.

Auto

Wer Kreta mit dem eigenen Fahrzeug bereist, muss die Zulassungsbescheinigung Teil 1 (Fahrzeugschein) mitführen. Das nationale Autokennzeichen reicht zwar als Nachweis für eine gültige Kfz-Haftpflichtversicherung aus, dennoch empfiehlt sich die Mitnahme der Internationalen Versicherungskarte (IVK), da sie bei Unfällen die Schadensabwicklung erleichtert. Der nationale Führerschein ist ausreichend.

Die Mindestdeckungssumme für die Auto-haftpflichtversicherung ist in Griechenland relativ niedrig. Erkundigen Sie sich bei Ihrem Autoversicherer, wie Sie ausreichenden Versicherungsschutz erhalten.

Mietwagen

In allen Städten und größeren Urlaubsorten auf Kreta sowie an den Flughäfen von Iraklio und Chania gibt es Filialen von internationalen und einheimischen Mietwagenfirmen. Es ist meist preiswerter, Wagen von internationalen Firmen vor Reisebeginn von zu Hause aus zu buchen. Auch bei Drittanbietern wie **Auto Europe** kann man Mietwagen reservieren. Bei einer Buchung vor Ort sind einheimische Firmen oft günstiger.

Bürger aus der EU und der Schweiz benötigen für die Anmietung den nationalen Führerschein und eine Kreditkarte. Das Mindestalter für Fahrer beträgt 21 Jahre, bei einigen Anbietern 25 Jahre. Empfehlenswert ist der Abschluss einer Vollkaskoversicherung ohne Selbstbeteiligung.

Auf Kreta gibt es viele ungeteerte Pisten, für Fahrten zu bekannten Sehenswürdigkeiten benötigt man jedoch keinen Geländewagen. Die Kosten für einen Kleinwagen rangieren zwischen rund 100 Euro pro Woche in der Nebensaison bis zu rund 700 Euro in der Hauptsaison.
Auto Europe
W autoeurope.de

Motorräder

Motorräder, Motorroller und Mopeds kann man in allen größeren Ortschaften und Städten mieten. Allerdings sind die motorisierten Zweiräder nicht immer in gutem Zustand. Bringen Sie wenn möglich Ihren eigenen Helm mit.

Straßen und Verkehr

Die zweispurige Nationalstraße 90 (Europastraße 65 / 75) verbindet von Kastelli Kissamou im Westen bis Agios Nikolaos im Osten alle Städte und größeren Ortschaften an der Nordküste Kretas. Sie ist bis Chersonissos autobahnähnlich ausgebaut (*Aftokinitodromos 90*). Auf den Straßenschildern ist sie auch in englischer Sprache als »New National Road« ausgewiesen. Östlich von Agios Nikolaos ist die Straße kurvenreich.

Viele kretische Straßen führen durch gebirgiges Gelände. Sie sind oft steil, haben viele Kurven und weisen Schlaglöcher auf. Häufig kann man sie nur mit Geschwindigkeiten unter 30 km / h befahren, auch weil nicht alle Straßen im bergigen Inselinneren asphaltiert sind. Bei Fahrten in ländlichen Gebieten ist damit zu rechnen, dass sich Ziegen oder Schafe auf den Straßen befinden.

In den Zentren von Iraklio, Rethymno und Chania gibt es viele Einbahnstraßen, und es herrscht dichter Verkehr. Parkplätze sind in der Regel kostenpflichtig und in der Hauptsaison rar. Vorsicht ist geboten, da Motorrad- und Mopedfahrer im Stadtverkehr oft rechts überholen.

Auf dem einspurigen Streckenabschnitt der Nationalstraße 90 und auf Landstraßen fahren langsamere Autos möglichst weit rechts – auch auf dem Seitenstreifen oder der Standspur –, um schnellere Fahrzeuge vorbeizulassen. Allerdings muss man dabei sehr vorsichtig sein, weil Seitenstreifen bisweilen abrupt enden. Wenn ein von hinten kommendes Fahrzeug aufblinkt, zeigt der Fahrer damit an, dass er überholen möchte.

Verkehrsregeln

Die Promillegrenze beträgt 0,5 (für Fahranfänger 0,2). Überschreitungen werden hart bestraft. Auch Geschwindigkeitsüberschreitungen (Tempolimits: *siehe S. 178*) werden strikt geahndet. Bei Bußgeldzahlungen innerhalb von zehn Tagen erhält man 50 Prozent Rabatt. Bei Unfällen nimmt die Polizei bei allen Beteiligten Alkoholtests vor. Lassen Sie sich für Ihre Mietwagenfirma ein Unfallprotokoll aushändigen.

Missachtung der Gurtpflicht wird mit einem Bußgeld von 350 Euro geahndet. Kinder unter drei Jahren müssen in einem Kindersitz transportiert werden, ab zehn Jahren dürfen sie auf den Beifahrersitz.

Wenn nicht anders beschildert, haben nicht die Fahrer im Kreisverkehr, sondern die von rechts einfahrenden Fahrzeuge Vorfahrt.

Halteverbotsschilder mit einer senkrechten Linie gelten an ungeraden, Schilder mit zwei senkrechten Linien in geraden Monaten.

Verkehrsschilder

Verkehrsschilder auf Kreta sind auf Griechisch und Englisch beschriftet, aber leider nicht immer zu sehen. Häufig sind sie bis zur Unkenntlichkeit besprüht oder zerschossen oder werden von Büschen verdeckt. An Kreuzungen stehen sie oft erst hinter den Abfahrten, sodass man sie zu spät entdeckt.

Tankstellen

Tankstellen schließen in der Regel um 19 oder 21 Uhr. Sonntags haben sie geschlossen. Die Tankstellen an der Nationalstraße 90 haben längere Öffnungszeiten. In den Städten ist nachts mindestens eine Tankstelle geöffnet, die Tankstellen an den Flughäfen stehen rund um die Uhr zur Verfügung. Häufig gibt es keine Selbstbedienung, sondern einen Tankwart. Kreditkarten werden selten akzeptiert.

Pannenhilfe

Der griechische Automobilclub **ELPA** ist Partner des **ADAC** und von Automobilclubs in Österreich und der Schweiz. Bei Pannen mit einem Leihwagen ist stets zuerst die Mietwagenfirma zu informieren.
ADAC
☎ +49 89 22 22 22
🌐 adac.de
ELPA
☎ 10400
🌐 elpa.gr

Taxis

Bei den Taxis auf Kreta handelt es sich meist um graue Limousinen. Taxistände gibt es an von Urlaubern viel besuchten Orten in den Städten sowie an Flug- und Fährhäfen. Man kann Wagen auch an der Straße heranwinken oder telefonisch bestellen.

Fahrten in der Stadt und über Land sind günstig. Bei Kurzfahrten läuft das Taxameter, bei längeren Strecken vereinbart man den Preis vor Fahrtantritt. Es ist üblich, dass Taxifahrer Personen zusteigen lassen, deren Ziel in derselben Richtung liegt. Jeder Passagier zahlt den vollen Fahrpreis.
Taxi Agiou Nikolaou
☎ +30 28410 24000
Taxi Chania Kydon
☎ +30 28210 94300
Heraklion Taxi
☎ +30 28140 03084
Rethymno Radio Taxi Union
☎ +30 28310 25000
Taxi Sitias
☎ +30 69793 32380

Busse

Busse sind die einzigen öffentlichen Verkehrsmittel auf Kreta. Betreiber ist die **KTEL** *(Koina Tamia Ispraxeon Leoforion)*, ein Verbund von regionalen Genossenschaften, der für den Fernbusverkehr in ganz Griechenland zuständig ist. Auf Kreta teilen sich **KTEL Chania-Rethymno** und **KTEL Iraklio-Lasithi** das Busnetz. Gemeinsame Knotenpunkte sind Iraklio und Agia Galini im Süden. Auf den Websites von KTEL findet man Fahrpreise und -zeiten sowie Liniennetzpläne. Tickets müssen vor

Fahrtantritt online oder an Kiosken erworben werden, beim Zustieg in Dörfern oder auf freier Strecke bekommt man sie auch im Bus.

In Iraklio und Chania verkehren Stadtbusse. Tickets sind an Automaten und Kiosken erhältlich. In Chania kann man sie auch im Bus erwerben, allerdings zu etwas höheren Preisen. In Iraklio fahren die Linien 1 und 2 vom Hafen bzw. vom Pankritio Stadio im Westen kostenlos ins Stadtzentrum.
KTEL
🌐 ktelbus.com
KTEL Chania-Rethymno
☎ +30 28310 22212 (Information)
☎ +30 28210 93052 (Chania)
☎ +30 28102 46530 (Iraklio)
☎ +30 28310 22785 (Rethymno)
🌐 e-ktel.com
KTEL Iraklio-Lasithi
☎ +30 28102 46530
🌐 ktelherlas.gr
Stadtbusse Chania
🌐 chaniabus.gr
Stadtbusse Iraklio
🌐 astiko-irakleiou.gr

Fahrrad

Fahrten mit Tourenrädern auf den Straßen Kretas sind sehr beliebt. Für Mountainbiker bieten sich abseits der Nordküste viele Landstraßen und Feldwege an. Diverse Reiseagenturen veranstalten Radtouren und Radferien. Fahrräder kann man in allen größeren Ferienorten mieten.

Frühling (Apr–Mai) und Herbst (Sep–Okt) sind für Radfahrer am besten geeignet. Im Hochsommer ist Radfahren nur in höheren Lagen erträglich.Hobbyradsportler können im Mai an der **Tour of Crete** teilnehmen.
Tour of Crete
🌐 tourofcrete.com

Schiffsverbindungen auf Kreta

Fähren für Personen und teils auch Autos sind insbesondere im Südwesten ein wichtiger Teil des Verkehrssystems. Dort erreicht man zwischen Chora Sfakion und Paleochora einige Ortschaften nur per Schiff. Ein wichtiger Umsteigepunkt ist Agia Roumeli am Ende der Samaria-Schlucht. Fähren und Wassertaxis fahren zudem zu den vorgelagerten Inseln.

Im Sommer fahren die Fähren weitaus häufiger als außerhalb der Saison. Wer mit dem Auto übersetzen will, sollte eine Stunde vor Abfahrt des Schiffes am Hafen erscheinen. Ob Überfahrten wegen schlechtem Wetter, starkem Wind oder hohem Seegang ausfallen, wird auf der Webseite der Reederei **Anendyk** angekündigt.
Anendyk
🌐 anendyk.gr

PRAKTISCHE
HINWEISE

Mit den folgenden Informationen und Tipps kommen Sie während Ihres Aufenthalts auf Kreta problemlos zurecht.

Auf einen Blick

Notrufnummern

Europäische Notrufnummer	Krankenwagen
112	**166**

Feuerwehr	Polizei
199	**100**

Zeit
Auf Kreta gilt die Osteuropäische Zeit (OEZ). Sommerzeit (OESZ): letzter So im März bis letzter So im Oktober.

Leitungswasser
Wasser aus dem Hahn kann man bedenkenlos trinken. Falls nicht, weisen Kennzeichnungen darauf hin.

Trinkgeld

Bedienung	10–15 %
Taxifahrer	10 %
Gepäckträger	1 € pro Gepäckstück
Zimmermädchen	1 € pro Tag
Portier	1–2 €

Persönliche Sicherheit
Kretas Kriminalitätsrate ist sehr niedrig. Schützen Sie sich mit den üblichen Vorsichtsmaßnahmen vor Diebstählen. Zeigen Sie Diebstähle umgehend bei der **Touristenpolizei** oder auf den Polizeirevieren in Chania oder Iraklio an. Lassen Sie sich ein Protokoll für Ihre Versicherung aushändigen. Es empfiehlt sich, Ausweisdokumente an einem sicheren Ort zu verwahren und Fotokopien als Identitätsnachweis mit sich zu führen.
Touristenpolizei
☎ 171

Diplomatische Vertretungen
Bei Problemen wie dem Verlust von Ausweisdokumenten erhalten Reisende von den Botschaften und Konsulaten ihrer Heimatländer Hilfe.
Deutschland
Honorarkonsulat Chania:
Digeni Akrita 1, 73100 Chania
☎ +30 28210 68876
Honorarkonsulat Iraklio:
Dikeosinis 7, 71202 Iraklio
☎ +30 28102 26288
w athen.diplo.de
Österreich
Honorarkonsulat Iraklio:
Giannitson 2, 71201 Iraklio
☎ +30 28170 01211
w bmeia.gv.at/athen
Schweiz
Botschaft:
Iasiou 2, Kolonaki, 11521 Athina (Athen)
☎ +30 21072 30364
w eda.admin.ch

Gesundheit
In allen kretischen Städten gibt es Krankenhäuser, in kleinen Ortschaften sucht man ein Gesundheitszentrum *(Kentro Ygeias)* auf. Arzt- und Zahnarztpraxen gibt es in jedem Ort. Medizinische Hilfe bieten auch **SOS Doctors**.

Griechische Apotheker sind hoch qualifiziert und helfen bei kleineren Verletzungen. Apotheken *(pharmakeio),* erkennbar am grünen Kreuz, haben meist montags bis sams-

tags ganztägig geöffnet. An geschlossenen Apotheken sind die Notdienst habenden Apotheken angezeigt (oft auch auf Englisch).

SOS Doctors

📞 1016

LGBTQ+

Trotz der im Land aufgrund des Einflusses der griechisch-orthodoxen Kirche vorherrschenden konservativen Grundhaltung stehen die Griechen im Allgemeinen jedem Menschen aufgeschlossen gegenüber, unabhängig von dessen ethnischer Zugehörigkeit und sexueller Orientierung. Zentrum der LGBTQ+ Szene Kretas ist Iraklio mit vielen Bars und Clubs.

In ländlichen Gebieten werden öffentliche Zuneigungsbekundungen gleichgeschlechtlicher Paare zuweilen nicht gern gesehen. Wer sich bedroht fühlt, sollte sich an die nächstgelegene Polizeistation wenden.

Sprache und Schrift

Viele Griechen besitzen Englisch- oder Deutschkenntnisse, in den ländlichen Gebieten Kretas sind Fremdsprachen jedoch wenig verbreitet. Der Sprachführer auf den Seiten 188 bis 190 gibt Ihnen einige wichtige griechische Ausdrücke und Sätze an die Hand.

Etikette

Legere Sommerkleidung wird überall akzeptiert, Badebekleidung sollte man aber nur am Strand tragen. Beim Besuch von griechisch-orthodoxen Kirchen und Klöstern muss die Kleidung Knie und Schultern bedecken.

Rauchen, Alkohol und Drogen

Rauchen ist in öffentlichen Bereichen, einschließlich Restaurants, Cafés und Bars, verboten. Im Freien (z. B. auf Café-Terrassen) ist Rauchen in der Regel erlaubt. In Griechenland wird die Erregung öffentlichen Ärgernisses – vor allem nach starkem Alkoholkonsum – mit hohen Bußgeldern oder sogar Gefängnisstrafen belegt. Der Besitz von Drogen kann ebenfalls eine Haftstrafe nach sich ziehen.

Antiquitäten

Es ist streng verboten, Steine von archäologischen Stätten zu entwenden. Für Diebstahl, Beschädigung, illegale Ausgrabung und nicht genehmigte Ausfuhr drohen Haftstrafen.

Post

Die Hauptpostämter in Chania, Iraklio und Rethymno sind montags bis freitags von 7:30 bis 20:30 Uhr geöffnet. Filialen in kleineren Orten schließen um 14:30 Uhr. Das Porto für einen Standardbrief oder eine Postkarte ins europäische Ausland kostet 1 Euro. Briefmarken gibt es auch an Kiosken und in Läden.

Mobiltelefone und WLAN

Die Landesvorwahl für Griechenland ist 0030. Griechische Telefonnummern sind zehnstellig. Festnetznummern beginnen mit 2, Handynummern mit 6. Bei Telefonaten innerhalb Griechenlands muss die Ortsvorwahl stets mitgewählt werden. Für Gespräche von Kreta ins Ausland sind die Landeskennzahlen 0049 für Deutschland, 0043 für Österreich, 0041 für die Schweiz. Danach wählt man die Ortsvorwahl ohne die 0.

Urlauber aus EU-Staaten telefonieren in Griechenland ohne zusätzliche Gebühren auf Basis ihres Mobilfunkvertrags.

In den meisten Hotels, Restaurants und Cafés können Gäste den hauseigenen WLAN-Zugang kostenlos nutzen.

Ermäßigungen

Jugendliche bis zu 18 Jahren, Studierende aus mit Internationalem Studentenausweis (ISIC) sowie Senioren ab 65 erhalten vielerorts Ermäßigungen oder freien Eintritt.

Websites und Apps

Griechische Zentrale für Fremdenverkehr
Website und App (griechisch / englisch) der griechischen zentrale für Fremdenverkehr bieten viele hilfreiche Information über Kreta; www.visitgreece.gr

Griechisches Kulturministerium
Das Griechische Kulturministerium betreibt eine Website (griechisch / englisch) mit Informationen über archäologische Stätten, Museen, historische Bauwerke und Kirchen; www.odysseus.culture.gr

Tourist Guides of Crete
Auf der Website (englisch) kann man Touren mit Fremdenführern buchen; www.travelcrete.gr

REGISTER

SPRACHFÜHRER

Seit 1976 ist Neugriechisch (Nea Ellinika) Amtssprache in Griechenland. Zwei Sprachformen, die Volkssprache (Dimotiki) und die ans Altgriechische angelehnte Hochsprache (Katharevousa), hatten darauf Einfluss. Es gibt kein einheitliches System, Neugriechisch in lateinischer Schrift darzustellen. Die deutsche Transkription der Orte dieses Reiseführers orientiert sich an der Amtssprache und verwendet keine Akzente. Rechnen Sie damit, dass Sie teilweise andere Schreibweisen vorfinden, etwa Hania statt Chania oder Plateia statt Platia.

Ausspracheregeln

Der Akzent in griechischen Wörtern zeigt an, welche Silbe betont wird. In der rechten Aussprache-Spalte wird die betonte Silbe durch einen fett gedruckten Buchstaben angezeigt.

Das griechische Alphabet

A α	A a	Arm
B β	V v	**W**o
Γ γ	G g	**j**a (folgt danach ein e oder i), **n**ein (folgt ein í oder y)
Δ δ	D d	**th** wie im Englischen
E ε	E e	**Ei**
Z ζ	Z z	**s**o
H η	I i	I**g**el
Θ θ	Th th	**th** wie im Englischen
I ι	I i	I**g**el
K κ	K k	**K**ind
Λ λ	L l	**L**and
M μ	M m	**M**ann
N ν	N n	**n**ein
Ξ ξ	X x	Ta**x**i
O o	O o	**O**chse
Π π	P p	**P**artei
P ρ	R r	**R**aum
Σ σ	S s	sü**ß** (**S**onne, wenn danach ein μ folgt)
ς	s	wenn am Wortende
T τ	T t	**T**ee
Y υ	Y y	I**g**el
Φ φ	F f	**F**isch
X χ	Ch ch	Lo**ch**, aber **h**ier, wenn danach a, e oder i-Laut folgt
Ψ ψ	Ps ps	Ma**pp**e
Ω ω	O o	**O**chse

Buchstabenkombinationen

Im Griechischen gibt es Kombinationen von zwei Vokalen, die wie ein Laut ausgesprochen werden:

Αι αι	Ai ai	**Ei**
Ει ει	Ei ei	I**g**el
Οι οι	Oi oi	I**g**el
Ου ου	Ou ou	**Fl**ut

Es gibt ebenso Kombinationen von zwei Konsonanten, die wie ein Laut ausgesprochen werden:

Μπ μπ	Mp mp	**B**all, manchmal La**mp**e in der Wortmitte
Ντ ντ	Nt nt	**D**ach, manchmal Hu**nd** in der Wortmitte
Γκ γκ	Gk gk	**G**rill, manchmal Ha**ng** in der Wortmitte
Γξ γξ	nx	A**ng**st
Τζ τζ	Tz tz	Hi**tz**e (hart)
Τσ τσ	Ts ts	Hi**tz**e (weich)
Γγ γγ	Gg gg	Ha**ng**

Notfälle

Hilfe!	**Βοήθεια!**	Voitheia!
Halt!	**Σταματήστε!**	Stamatiste!
Rufen Sie ... einen Arzt!	**Φωνάξτε ένα γιατρό!**	Fonaxte ena giatro!
... einen Krankenwagen/ die Polizei/ die Feuerwehr	**Καλέστε το ασθενοφόρο/την αστυνομία/την πυροσβεστική**	Kaleste to asthenoforo/tin astynomia/tin pyrosvestiki
Wo ist das nächste Telefon/ Krankenhaus/ Apotheke?	**Πού είναι το πλησιέστερο τήλεφωνο/ νοσοκομείο/ φαρμακείο?**	Pou einai to plisiestero tilefono/ nosokomeio/ farmakeio?

Grundwortschatz

Ja	**Ναι**	Nai
Nein	**Οχι**	Ochi
Bitte.	**Παρακαλώ.**	Parakalo.
Danke.	**Ευχαριστώ.**	Efcharisto.
Entschuldigung.	**Με συγχωρείτε.**	Me synchoreite.
Auf Wiedersehen.	**Αντίο.**	Antio.
Guten Morgen.	**Καλημέρα.**	Kalimera.
Gute Nacht.	**Καληνύχτα.**	Kalinychta.
gestern	**Χθές**	Chthes
heute	**Σήμερα**	Simera
morgen	**Αύριο**	Avrio
hier	**Εδώ**	Edo
dort	**Εκεί**	Ekei
Was?	**Τι?**	Ti?
Warum?	**Γιατί?**	Giati?
Wo?	**Πού?**	Pou?
Wie?	**Πς?**	Pos?

Nützliche Redewendungen

Wie geht's?	**Τί κάνεις?**	Ti kaneis?
Danke, gut.	**Πολύ καλά, ευχαριστώ.**	Poly kala, efcharisto.
Wie ist Ihr Name?	**Πς λέγεστε?**	Pos legeste?
Wo ist/ sind ...?	**Πού είναι?**	Pou einai?
Sprechen Sie Englisch?	**Μιλάτε Αγγλικά?**	Milate Anglika?

Ich verstehe nicht.	Δεν καταλαβαίνω.	Den katalavaino.
Könnten Sie langsamer sprechen?	Μιλάτε λίγο πιο αργά παρακαλώ?	Milate ligo pio arga parakalo?

Nützliche Wörter

groß	Μεγάλο	Megalo
klein	Μικρό	Mikro
heiß	Ζεστό	Zesto
kalt	Κρύο	Kryo
gut	Καλό	Kalo
schlecht	Κακό	Kako
geöffnet	Ανοιχτά	Anoichta
geschlossen	Κλειστά	Kleista
links	Αριστερά	Aristera
rechts	Δεξιά	Dexia
geradeaus	Ευθεία	Eftheia
nah	Κοντά	Konta
weit	Μακριά	Makria
früh	Νωρίς	Noris
spät	Αργά	Arga
Eingang	Η είσοδος	I eisodos
Ausgang	Η έξοδος	I exodos
Toilette	Οι τουαλέτες /WC	Oi toualetes
besetzt	Κατειλημμένη	Kateilimeni
nicht besetzt/ frei	Ελεύθερη	Eleftheri

Shopping

Wie viel kostet das?	Πόσο κάνει?	Poso kanei?
Ich hätte gern …	Θα ήθελα …	Tha ithela …
Nehmen Sie Kreditkarten?	Δέχεστε πιστωτικές κάρτες?	Decheste pistotikes kartes?
Wann öffnen/ schließen Sie?	Ποτέ ανοίγετε/ κλείνετε?	Pote anoigete/ kleinete?
teuer	Ακριβό	Akrivo
preiswert	Φθηνό	Fthino
Größe	Το μέγεθος	To megethos
weiß	Λευκό	Lefko
schwarz	Μαύρο	Mavro
rot	Κόκκινο	Kokkino
gelb	Κίτρινο	Kitrino
grün	Πράσινο	Prasino
blau	Μπλε	Mple
Apotheke	Το φαρμακείο	To farmakeio

Bank	Η τράπεζα	I trapeza
Friseur	Το κομμωτήριο	To kommotirio
Kiosk	Το περίπτερο	To periptero
Post	Το ταχυδρομείο	To tachydromeio
Supermarkt	Σουπερμάρκετ/ Υπεραγορά	»Supermarket«/ Yperagora

Sehenswürdigkeiten

Auskunft	Ο ΕΟΤ	O EOT
Touristenpolizei	Η τουριστική αστυνομία	I touristiki astynomia
Strand	Η παραλία	I paralia
Höhle	Το σπήλαιο	To spilaio
Kirche	Η εκκλησία	I ekklisia
Insel	Το νησί	To nisi
Kloster	Η Μονή	I moni
Berg	Το βουνό	To vouno
Museum	Το μουσείο	To mouseio
Schlucht	Το φαράγγι	To farangi

Transport

Wann fährt … ab?	Πότε φεύγει το …?	Pote fevgei to …?
Wo ist die nächste Bushaltestelle?	Πού είναι η στάση του λεωφορείου?	Pou einai i stasi tou leoforeiou?
Busticket	Εισιτήριο λεωφορείου	Eisitirio leoforeiou
Hafen	Το λιμάνι	To limani
Taxi	Το ταξί	To taxi
Flughafen	Το αεροδρόμιο	To aerodromio
Fähre	Το φερυμπότ	To »ferry-boat«

Im Hotel

Haben Sie ein freies Zimmer?	Έχετε δωμάτια?	Echete domatia?
Doppelzimmer	Δίκλινο με μονά κρεβάτια	Diklino me moná krevátia
Einzelzimmer	Μονόκλινο	Monoklino
Zimmer mit Bad	Δωμάτιο με μπάνιο	Domatio me mpanio
Schlüssel	Το κλειδί	To kleidi
Ich habe reserviert.	Έχω κάνει κράτηση.	Echo kanei kratisi.
Zimmer mit Meerblick/ Balkon	Δωμάτιο με θέα στη θάλασσα/ μπαλκόνι	Domatio me thea sti thalassa/ mpalkoni
Gilt der Preis inklusive Frühstück?	Το πρωινό συμπε-ριλαμβάνεται στην τιμή?	To proino symperilam-vanetai stin timi?

Im Restaurant

Haben Sie einen Tisch frei?	Εχετε τραπέζι;	Echete trapezi?
Ich möchte einen Tisch reservieren.	Θέλω να κρατήσω ένα τραπέζι.	Thelo na kratiso ena trapezi.
Die Rechnung bitte.	Τον λογαριασμό, παρακαλώ.	Ton logariazmó parakalo.
Ich bin Vegetarier.	Είμαι χορτοφάγος.	Eimai chortofagos.
Speisekarte	Ο κατάλογος	O katalogos
Glas	Το ποτήρι	To potiri
Flasche	Το μπουκάλι	To mpoukali
Messer	Το μαχαίρι	To machairi
Gabel	Το πηρούνι	To pirouni
Löffel	Το κουτάλι	To koutali
Frühstück	Το πρωινό	To proino
Mittagessen	Το μεσημεριανό	To mesimeriano
Abendessen	Το δείπνο	To deipno
Hauptgericht	Το κυρίως γεύμα	To kyrios gevma
Vorspeise	Τα ορεκτικά	Ta orektika
Nachtisch	Το γλυκό	To glyko
Café	Το καφενείο	To kafeneio
Fischrestaurant	Η ψαροταβέρνα	I psarotaverna
Grillrestaurant	Η ψησταριά	I psistaria
Weinhändler	Το οινοπωλείο	To oinopoleio
Ouzeri	Το ουζερί	To ouzeri

Speisen und Getränke

Kaffee	Ο Καφές	O Kafes
mit Milch	με Ύαλα	Me gala
mit Zucker	χωρίς Ζάχαρη	Choris zachari
nicht so süß	Μέτριος	Metrios
Tee	Τσάι	Tsai
Wein	Κρασί	Krasi
rot	Κόκκινο	Kokkino
weiß	λευκό	Lefko
Wasser	Το νερό	To nero
Tintenfisch	Το χταπόδι	To chtapodi
Fisch	Το ψάρι	To psari
Käse	Το τυρί	To tyri
Brot	Το ψωμί	To psomi

Zahlen

1	ένα	ena
2	δύο	dyo
3	τρία	tria
4	τέσσερα	tessera
5	πέντε	pente
6	έξι	exi
7	επτά	epta
8	οχτώ	ochto
9	εννέα	ennea
10	δέκα	deka
11	έντεκα	enteka
12	δώδεκα	dodeka
20	είκοσι	eikosi
30	τριάντα	trianta
40	σαράντα	sararanta
50	πενήντα	peninta
60	εξήντα	exinta
70	εβδομήντα	evdominta
80	ογδόντα	ogdonta
90	ενενήντα	eneninta
100	εκατό	ekato
1000	χίλια	chilia

Zeit

eine Minute	ένα λεπτό	ena lepto
eine Stunde	μία ώρα	mia ora
ein Tag	μία μέρα	mia mera
eine Woche	μία εβδυμάδα	mia evdomada
ein Monat	ένας μήνας	enas minas
ein Jahr	ένας χρόνος	enas chronos
Montag	Δευτέρα	Deftera
Dienstag	Τρίτη	Triti
Mittwoch	Τετάρτη	Tetarti
Donnerstag	Πέμπτη	Pempti
Freitag	Παρασκευή	Paraskevi
Samstag	Σάββατο	Savvato
Sonntag	Κυριακή	Kyriaki
Januar	Ιανουάριος	Ianouarios
Februar	Φεβρουάριος	Fevrouarios
März	Μάρτιος	Martios
April	Απρίλιος	Aprilios
Mai	Μάιος	Maios
Juni	Ιούνιος	Iounios
Juli	Ιούλιος	Ioulios
August	Αύγουστος	Avgoustos
September	Σεπτέμβριος	Septemvrios
Oktober	Οκτώβριος	Oktovrios
November	Νοέμβριος	Noemvrios
Dezember	Δεκέμβριος	Dekemvrios

KRETA IN LITERATUR UND FILM

Literatur

Die Blütezeit der kretischen Literatur begann Ende des 16. Jahrhunderts unter dem Einfluss der italienischen Renaissance. Zu den bedeutendsten Dichtern jener Epoche gehören Georgios Chortatzis (um 1545–1610) und Vitsentzos Kornaros (1553–1614). Der bekannteste und meistgelesene kretische Schriftsteller ist Nikos Kazantzakis (1883–1957). Im deutschsprachigen Raum wurde er vor allem durch seinen Roman *Alexis Sorbas* (1946) berühmt. Bis heute ist Kreta als Schauplatz für Romane und Krimis beliebt.

Bedeutende Schriftsteller

Georgios Chortatzis (um 1545–1610): Seine oft inszenierte Tragödie *Erofili* spielt in Ägypten.

Vitsentzos Kornaros (1553–1614): Kornaros' romantisches Epos *Erotokritos* erzählt in 10 012 Versen die Liebesgeschichte von Erotokritos und Aretousa.

Nikos Kazantzakis (1883–1957): Kazantzakis' berühmter Schelmenroman *Alexis Sorbas* von 1946 handelt von der schicksalhaften Begegnung des intellektuellen Ich-Erzählers mit dem Freigeist Alexis Sorbas auf Kreta.

Odysseas Elytis (1911–1996): Der in Iraklio geborene Poet erhielt für seine Dichtungen, darunter der von Mikis Theodorakis teils vertonte Gedichtband *Gepriesen sei (To axion esti)* von 1959, 1979 den Literaturnobelpreis.

Ioanna Karystiani (*1952): Der Roman *Die Frauen von Andros* (2003) der in Chania geborenen Schriftstellerin erzählt vom Schicksal zweier Schwestern auf der Insel Andros. 2013 wurde er von ihrem Ehemann Pantelis Voulgaris erfolgreich verfilmt.

Allgemeine Porträts

Eberhard Rondholz: *Griechenland. Ein Länderporträt* (2011) ist eine differenzierte und umfassende Darstellung Griechenlands.

Ulf-Dieter Klemm und Wolfgang Schultheiß: In ihrem Sammelband *Die Krise in Griechenland: Ursprünge, Verlauf, Folgen* (2015) bieten internationale Autoren aus unterschiedlichen Fachrichtungen Erklärungsansätze für die griechischen Staatsschuldenkrise.

Geschichte und Kultur

Gustav Schwab: In *Die schönsten Sagen des klassischen Altertums* (1838) sind in drei Bänden die Sagen der griechischen und römischen Antike versammelt.

Stanley Moss: In *I'll Met by Moonlight* (1957) dokumentiert der britische Journalist und ehemalige Offizier, wie der deutsche General Heinrich Kreipe im Zweiten Weltkrieg von kretischen Widerstandskämpfern und britischen Spezialkräften bei Archanes gefangen genommen wurde.

Theocharis E. Detorakis: Der Band *Geschichte von Kreta* (1997) liefert eine ausführliche Beschreibung der Historie der Insel.

Lesley Fitton: *Die Minoer* (2004) zeichnet ein ausführliches Bild der minoischen Kultur.

Pavlos Tzermias: *Eleftherios Venizelos' historische Leistung* (2004) beschreibt den Weg des griechischen Politikers zu Weltruhm.

Tilmann Bechert: *Kreta in römischer Zeit* (2011) ist der erste Bildband über eine weitgehend unbekannte Epoche.

Romane und Krimis

Pandelis Prevelakis: *Chronik einer Stadt* (1938, dt. 1981) beschreibt Rethymno Anfang des 20. Jahrhunderts. Die Erzählung weist eine innovative Darstellungsform auf: In der »Mythistorie« vermischen sich historische Beschreibung und mythische Elemente.

Rhea Galanaki: *Das Leben des Ismail Ferik Pascha* (2001) erzählt die wahre Geschichte zweier Brüder, die sich im 19. Jahrhundert im kretischen Widerstandskampf als Feinde gegenüberstehen.

Klaus Eckhardt: *Tote trinken keinen Raki* (2002) ist der erste Band der bekannten auf Kreta spielenden Kriminalromanreihe um den Privatdetektiv Jak Anatolis.

Victoria Hislop: Die *Insel der Vergessenen* (2006) handelt von einer Frau, die bei der Spurensuche nach ihrer Familiengeschichte auf die Rolle der Leprakolonie auf Spinalonga stößt.

Jürgen Bosch: Hauptfigur des Romans *Melambés oder Die Frau vom Strand* (2008) ist der Rechtsanwalt Max Bauer, der den Auftrag bekommt, eine verschwundene Frau zu finden.

Stephan Kinkele: *Aphrodites Vermächtnis* (2012) befasst sich mit Anfängen des Aufstands der Griechen gegen die osmanische Herrschaft in den 1820er Jahren.

Petros Markaris: *Zurück auf Start* (2015) ist ein Kriminalroman mit Kommissar Kostas Charitos, der auch durch den Alltag des Krisenlandes Griechenland führt. Er vereint Fiktion und Realität in Zeiten der Staatsschuldenkrise.

Kinder- und Jugendbücher

Eleni Doundoulaki-Oustamanolaki: *Märchen von Mund zu Mund: Wie sie in Kreta die Alten den Jungen erzählen* (1996) ist eine Sammlung traditioneller Märchen aus der Region um den sagenumwobenen Berg Giouchtas.

Dimiter Inkiow: *Die spannendsten griechischen Sagen* (2007) ist ein Vorlesebuch für Kinder ab ca. fünf Jahren.

Filme

Kreta war Drehort für verschiedenste Filme. Mit Abstand am berühmtesten ist die Verfilmung von Nikos Kazantzakis' Roman *Alexis Sorbas*. Der Film (1965) mit Anthony Quinn und Alan Bates in den Hauptrollen erhielt drei Oscars und wurde für den Golden Globe, den British Film Academy Award und den United Nations Award nominiert.

Der Millionenschatz (1964): Verfilmung des gleichnamigen Buchs von Mary Stewart. Der Film handelt von der ungewollten Verwicklung der jungen Britin Nikki Ferris in einen Juwelenraub auf Kreta.

Eleni (1985): Verfilmung des gleichnamigen autobiografischen Buchs von Nicholas Gage. Der Film erzählt die Geschichte seiner aufopferungsvollen Mutter während des griechischen Bürgerkriegs in den 1940er Jahren.

Als die Deutschen vom Himmel fielen (2008): Olga Schells Film beschäftigt sich mit dem Widerstand der kretischen Bevölkerung gegen die deutschen Truppen, die im Mai 1941 die Mittelmeerinsel angriffen.

Highway to Hellas (2015): In Aron Lehmanns Komödie zur griechischen Staatsschuldenkrise spielt Christoph Maria Herbst die Hauptrolle.

DANKSAGUNG

Dorling Kindersley bedankt sich bei allen, die bei der Entstehung dieses Buchs mitgewirkt haben.

BILDNACHWEIS

o = oben, m = Mitte, u = unten, l = links, r = rechts

123rf.com: Angelika Heine 50ul; anterovium 104o; Guillermo Avello 130o; Olga Gavrilova 17u, 142; Patryk Kośmider 138ml.
Aegon Spa Center: 123or.
Alamy Stock Photos: Andrew Fare 72o; Art Collection 2 72mo; Ashmolean Museum of Art and Archaeology / Heritage Images 29o; BTEU / RKMLGE 106u; Kathy deWitt 62ml; Magite Historic 163m; Maria Breuer / imageBROKER 74or; Niday Picture Library 73or; Science History Images 107ur.
Aquila Elounda Resort & Spa: 12o, 52 – 53, 54ul, 141ur.
Baldus, Renate: 113mr.
CretAquarium: 109ml, 109ur.
Daios Cove Luxury Resort & Villas: 138u.
Dorling Kindersley: Andrew Whittuck 140u; Clive Streeter 50oml, 51omr, 51ul, 140o; Dan Burton 13ur, 87o; Dave King 111ur, 137ur; David Peart 109ol, 109mr, 146or; Hannya Chlala 50ml; Helena Smith 59mlo; Ian O'Leary 48u; Jane Burton 109ul; Jon Whitaker 49ol; Mockford and Bonetti 111o; Ken Findlay 44ml; Kim Taylor 86ol; Max Alexander 70ol; Nigel Hicks 35or, 35ul, 118mr, 139mr; Robin Gauldie 22ml, 155or, 167ul; Ruth Jenkinson 54ol, 173ur; Stuart West 51mr, 51ur, 120ul, 172o; Susanna Price 59mru; Tony Souter 56 – 57, 118o, 161ur; William Reavell 49or, 120ur, 171ur; William Shwa 137or.
Dourakis Winery: 111m, 111ul.
Dreamstime.com: Adrian Ionut Virgil Pop 10o; Aleh Varanishcha 32 – 33, 34ml, 38o, 165o; Aleks49 95ul; Alexei Novikov 153ur; Alexkondt 34 – 35m; Anatoliy Sadovskiy 73ur; Andrei Malov 74ol, 99o; Andym80 99u; Anilah 174 –175; Anna Pakutina 13mr; Arenaphotouk 8ul, 63ul; Arne Beruldsen 66ml; Arsty 31ur, 117o, 163ur; Asafta 72ur, 116ul; Banepetkovic 10 –11u, 71ol, 72ul; Birute Vijeikiene 107m; Cristi_m 131ol; Daliu80 22mr; Dbyjuhfl 6 – 7, 17o, 124, 132o; Dmitriy Moroz 71mo; Dziewul 8 – 9, 10ul, 73ul, 136o; Ekaterina Titova 11or; Evgeniy Fesenko 96u, 114 –115; Evgeny Kosharsky 67or; Flavijus 75or; Flowertiare 45u, 59or; George Tsartsianidis 63or; Georgios Tsichlis 23mlu, 25or, 31ol, 35mr, 108o, 130u, 134u, 136u, 138 –139o, 162u; Giorgos Kritsotakis 134o; Gorelovs 166o; H368k742 19or; Igor220179 106o; Irakite 157ul; Irishka777 16, 82, 101o; Iuliia Nedrygailova 169ul; Izanbar 71ul; Jaroslav Moravcik 113ul; Jekaterina Voronina 151ol; Karaevgen 62or; Kmiragaya 70ul; Lizon 23ml; Lornet 18 –19o; Lostafichuk 12ul, 39m; Lucianbolca 62mr, 156u; Manolis Tsantakis 60 – 61, 63mr; Mila Atkovska 167o; Milan Gonda 67ur; Millafedotova 171mr; Mirc3a 25mlu; Mistervlad 91u; Mnf1974 166u; Naglis 156o; Natalia Volkova 25mr; Neirfy 63ur, 119m; Oleksandr Pantielieiev 29mo; 105mr; Olena Chilikina 41m; Olga Popva 50or; Olgacov 8ml, 90o; Oliver Foerstner 146ol; Panagiotis Karapanagiotis 13o, 30ml; Patryk Kosmider 24mr, Pavlos Rekas 63ol; 39o; Pavel Kavalenkau 8ol; Peter Bocklandt 44 – 45m; Serg_dibrova 132o; Simondannhauer 171ol; Singidavar 18 –19m; Slava3246 45o, 55o; Smallredgirl 11mr, 42 – 43; Susan Vineyard 107ol; Stuart West 46 – 47; Thanasis Samaras 38u; Thomas Jurkowski 105u; Tim Heusinger Von Waldegge 41o; Vasilis Ververidis 62ur, 75ur; Vichaya Kiatyingangsulee 54 – 55m; Vitalii Livadnyi 55u; Velishchuk 44ol; Viocara 28 – 29, 29ml; Wave Break Media Ltd 75ul; Wirestock 131ml; Xiaoma 73ol, 102 –103; Yuriy Brykaylo 139ml; Zaramira 29mr, 95ur.
Fotolia: Karl Bolf 137um.
Getty Images: Sakis Mitrolidis / AFP 62ol.
Gone Surfing: 128o.
HeliAlpha: 128u.
iStockphoto.com: ayvengo 76ml; fazeful 63ml; Gatsi 45mr, 163ul; ilbusca 74u; Leamus 131ur; ricochet64 107um; Rostislavv 167ur; Saro17 164m; Tonygers 23or; vagrig 44ur; vectorwin 107ul; VladimirSklyarov 36 – 37.
Manousakis Winery: 147ol, 147or.
NASA: 80ul.
Naturhistorisches Museum Iraklio: 86u.
Notos Sailing: 147ul.

Roß, Jürgen: 2 – 3, 4, 18ol, 20 – 21, 23u, 25l, 30or, 30ul, 35ol, 36 – 37, 49ur, 59u, 62ul, 75ol, 78 – 79, 81o, 88o, 88u, 89o, 91o, 94o, 94u, 108u, 110o, 110u, 112o, 112u, 118ml, 129ml, 131mr, 133o, 135o, 135m, 135ul, 135ur, 137ul, 148o, 148u, 149o, 150o, 150u, 151mr, 151u, 154o, 154o, 155ol, 157m, 157ur, 158o, 158u, 159o, 160u, 160o, 161m, 162o, 168o, 168u, 170m, 171ml.
Rusch, Barbara: 5, 28ol, 58o, 58mlo, 58mro, 58ur, 92ol, 92ul, 92um, 92 – 93m, 93o, 93mr, 93ur, 104u, 122o, 122u, 141ml, 161ul, 173or, 173ol.
Seaside Resort & Spa: 123m.
Shutterstock: Heracles Kritikos 153m; Mansell Collection / The LIFE Picture Collection 66 – 67m.
SuperStock: Wolfgang Kaehler / age fotostock 70 – 71m.
Vassilakis Estate: 129mr.
Velani Country Hotel: 86m.

Extrakarte
Dreamstime.com: Vladimir Timofeev.

Umschlag
Vorderseite und Buchrücken: **Dreamstime.com:** Vladimir Timofeev.
Rückseite: **Dorling Kindersley:** ml, u; **Roß, Jürgen:** o, m.

Alle anderen Bilder © Dorling Kindersley.

IMPRESSUM

Produktion DK Verlag GmbH, München
Verlagsleitung Monika Schlitzer, DK Verlag
Programmleitung Heike Faßbender, DK Verlag
Redaktionsleitung Stefanie Franz, DK Verlag
Projektbetreuung Theresa Fleichaus, DK Verlag
Herstellungskoordination Antonia Wiesmeier, DK Verlag

Text Barbara Rusch, München
Illustrationen Stephen Conlin, Paul Weston
Kartografie Suresh Kumar, Mohammad Hassan, Animesh Kumar Pathak, DK India
Gestaltung und Umschlag Ute Berretz, München
Redaktion Birgit Walter, Augsburg
Schlussredaktion Philip Anton, Köln
Satz und Produktion DK Verlag
Druck Livonia Print SIA, Lettland
© 2023 Dorling Kindersley Verlag GmbH, München
Zuerst erschienen 2017 in Deutschland
bei Dorling Kindersley Verlag GmbH, München
A Penguin Random House Company

Aktualisierte Neuauflage 2023 / 2024

ISBN 978-3-7342-0709-9
4 5 6 7   27 26 25 24 23

DK Vis-à-Vis

Vis-à-Vis-Reiseführer

#dkvisavis
www.dk-verlag.de
   /dkverlag

Fährverbindungen

ALBANIEN

Venedig

**Kerkyra
(Korfu Stadt)**

Korfu

Lefkimmi

*Paxos
Gaios
Andipaxos*

Igoumenitsa

Parga

GRIECHENLAND

Thessaloniki

Volos

Skiathos

Alonn

Glifa

Skop

Agiokampos

SPORÄD

IONISCHE
INSELN

Lefkada

Vasiliki **Nydri**

Atokos

Fiskardo

Kefalonia

Vathy
Ithaka

Argostoli

Sami

Poros

Lourdata

*Agios
Nikolaos*

Zakynthos

Kyllini

**Zakynthos
Stadt**

Agios Konstantinos

Eu

Ere

Skala Oropou

Patra

**ATHINA
(ATHEN)**

Salamis

Ra

Piräus

Anistri

Agina

La

Methana

Poros

Ermioni

Spetses

Hydra

Leonidi

Hydra

Spetses

ARGO-
SARONISCHE
INSELN

Kalamata

Gythio

Monemvasia

Neapoli

Agia Pelagia

Kythira

Potamos
Andikythira

**Kastelli
Kissamou**

Cha

Paleochora

Gava

Fährverbindungen von und nach Kreta

Kreta ist ganzjährig mit Fähren erreichbar, die teils täglich u. a. von Piräus und Städten auf dem Peloponnes nach Iraklio, Chania, Rethymno, Kastelli Kissamou und Sitia übersetzen.

Zusätzlich verkehren regelmäßig Fähren zwischen Kreta und den Kykladen sowie Kythira und Karpathos. Auch die Inseln des Dodekanes und die nordostägäischen Inseln sind erreichbar.

Diese Karte zeigt die griechischen Fährverbindungen in der Hochsaison. Die Routen und Fahrpläne variieren nach Jahreszeit. Aktuelle Informationen erhält man bei den griechischen Fremdenverkehrsbüros sowie direkt bei den Fähranbietern.

Adressen

Greek Travel Pages
☏ +30 21032 47511
W gtp.gr

ANEK Lines
☏ +30 21041 97470
W anek.gr

Blue Star Ferries
☏ +30 21089 19800
W bluestarferries.com

Minoan Lines
☏ +30 28103 99899
W minoan.gr